일러스트로 바로 이해하는

가장 쉬운
경영학

히라노 아쓰시 칼 감수 　　　조사연 옮김

더퀘스천

'조직은 어떻게 세상에 가치를 전할 수 있을까?'

'경영학? 기업이 돈 버는 방법을 연구하는 학문 아냐? 나랑은 상관없는데. 어려울 것 같기도 하고….'
경영학이라고 하면 대부분의 사람이 이렇게 생각하지 않나요?

경영학은 기업을 비롯해 조직이 가진 사람, 물건, 돈, 정보 등의 경영자원을 활용해 어떻게 하면 세상에 효과적으로 가치를 제공할 수 있을지를 연구하는 학문입니다. 조직이란 넓은 의미에서 회사뿐 아니라 비영리조직이나 개인사업도 포함합니다.

이 책은 일러스트와 대화를 곁들여 경영학을 전혀 모르는 사람이 읽어도 경영학 기초를 익힐 수 있게끔 쉽게 설명했습니다. '경영학이 뭐지?' 하는 의문에서 출발해 경영 활동에 필요한 경영전략, 마케팅, 비즈니스 모델, 금융, 생산관리, 조직에 관한 핵심 지식만을 한권에 담았습니다.

구체적으로는 PEST 분석, 3C 분석, 크로스 SWOT 분석, PDCA, STP, 4P 등 경영에 필요한 프레임워크(정보를 분류하기 위한 공식)를 비롯해 뉴스 등에서 자주 듣는 M&A나 칸반 방식, 그리고 금융, 애드 네트워크, 옴니채널 등의 최신 키워드에 이르기까지 폭넓게 다루었습니다.

학생, 취업 준비생, 창업 희망자는 물론이고 지금까지 경영학에 별로 관심이 없었던 분도 즐겁게 배울 수 있으리라 생각합니다.

평소 경영학에 관심이 있는 분이라면 이 책을 통해 더 깊은 지식을 얻는 기회가 되었으면 좋겠습니다.

좀 더 자세히 공부하기 원하는 분은 제가 쓴《칼 교수의 비즈니스 집중강의》, 일러스트로 바로 이해하는 가장 쉬운 시리즈(마케팅, 행동경제학, 손자병법)도 일독하시길 권합니다.

히라노 아쓰시 칼

일러스트로 바로 이해하는
가장 쉬운 **경영학**

시작하며 ······························ 2

chapter 1
경영학이란

01 경영학이란?
경영학 ······························ 10

02 경영이란?
사람·물건·돈·정보 ······························ 12

03 경영학, 왜 배워야 할까?
경영자 시점 ······························ 14

04 경영학과 경제학, 뭐가 다를까?
경제학과 경영학의 차이 ······························ 16

05 경영 컨설턴트가 하는 일은?
경영 컨설턴트 ······························ 18

06 MBA란?
MBA ······························ 19

Column 01
경영학은 어떻게 시작됐을까? ······························ 20

chapter 2
기업이란

01 주식회사란?
주식회사·상장 ······························ 22

02 자회사와 관련회사, 뭐가 다르지?
자회사·관련회사 ······························ 24

03 지주 회사와 모자 회사의 차이는?
지주 회사 ······························ 26

04 기업이 서로 협력하는 방법은?
업무 제휴·코피티션 경영 ······························ 28

05 M&A란?
M&A ······························ 30

06 다양한 M&A 방식
사업 승계·TOB·LBO ······························ 32

07 M&A나 업무 제휴에도 방향성이 있을까?
수직통합·수평통합·수평분업 ······························ 34

08 벤처 기업도 상장할 수 있을까?
벤처 기업·유니콘 기업 ······························ 36

09 변화하는 기업과 사회의 관계
CSR·CSV ······························ 38

column 02
NPO는 어떤 단체일까? ······························ 40

●일러두기

* 엔화는 100엔 기준 1,000원의 환율을 적용해 표기했습니다.
* 원문 내용 중 '일본'이라는 단어는 되도록 사용을 지양했으며 '국내' 등의 표현으로 수정해 번역했습니다. 그 밖의 원문을 한국 상황에 맞게 수정한 부분이 있습니다.

chapter 5
마케팅이란

chapter 1

경영학이란

교수

경미 씨

장래 카페 경영이 꿈인 경미 씨는
대학 경영학부에 진학했다. 오늘은 강의 첫 날.
주제는 '경영학이란 무엇인가?'이다.

경영학

01

경영학이란?

경영학은 어려운 학문이라고 지레짐작하는 사람이 많다.
경영학이란 어떤 학문일까?

장래 카페 운영이 꿈인 경미 씨는 대학에서 경영학 강의를 듣고 있다. 교수는 강의 첫 시간에 '경영학이란 어떤 학문인가'라는 주제로 수업을 시작했다. "경영학이란 다양한 경영상의 성공 혹은 실패 사례를 분석해 실패하지 않도록 작전을 정리한 학문입니다. 체스나 바둑에 비유하자면 게임을 유리하게 진행하는 데 필요한 작전, 즉 정석(定石)을 모아 놓은 것이죠."라고 설명했다.

경영학은 보드게임의 정석집

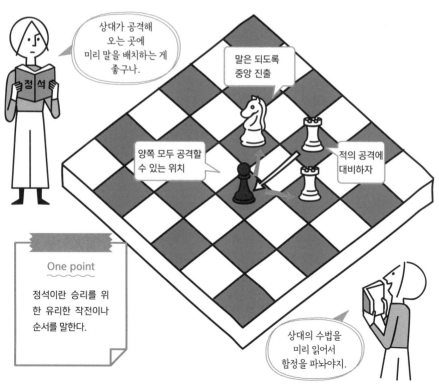

상대가 공격해 오는 곳에 미리 말을 배치하는 게 좋구나.

말은 되도록 중앙 진출

양쪽 모두 공격할 수 있는 위치

적의 공격에 대비하자

One point

정석이란 승리를 위한 유리한 작전이나 순서를 말한다.

상대의 수법을 미리 읽어서 함정을 파놔야지.

10

교수는 말을 이었다. "그러나 체스나 장기와는 달리 경영학은 시대나 사회 변화의 영향을 받기 때문에 정석이라고 여기는 오래된 경영이론 중에는 오늘날 적용하기 곤란한 이론도 있어요. 따라서 새로운 환경, 새로운 문제가 닥치면 '이렇게 하면 성공하지 않을까?' 하는 여러 가설이 등장하게 되고 실행 과정을 거쳐 통용된 것만 새로운 정석으로 정착되는데 이 과정이 계속 반복되는 것이지요."

환경이 변하면 이론도 변한다

일본의 저가 미용실 QB 하우스 사례

새로운 환경

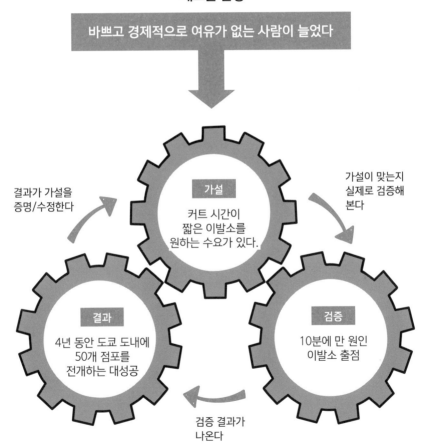

바쁘고 경제적으로 여유가 없는 사람이 늘었다

가설
커트 시간이
짧은 이발소를
원하는 수요가 있다.

가설이 맞는지
실제로 검증해
본다

결과가 가설을
증명/수정한다

검증
10분에 만 원인
이발소 출점

결과
4년 동안 도쿄 도내에
50개 점포를
전개하는 대성공

검증 결과가
나온다

경영학

02

경영이란?

그렇다면 경영이란 구체적으로 어떤 활동일까?

경미 씨는 경영학이 무엇인지 대략 이해하긴 했지만 회사 경영이 구체적으로 어떤 활동을 말하는지 여전히 궁금했다. 교수는 "자, 커다란 회전식 컨베이어 벨트를 상상해 봅시다. 간단히 설명해 회사 경영이란, 기업이 주주가 맡긴 자금으로 고객에게 다양한 제품과 서비스를 제공하고 이를 돈으로 환수하는 활동이에요." 라고 말했다.

순환하는 회사 경영 컨베이어 벨트

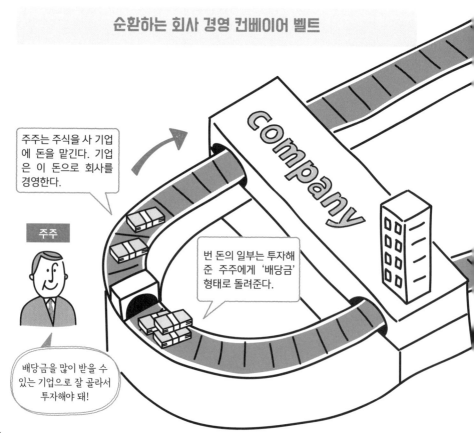

주주는 주식을 사 기업에 돈을 맡긴다. 기업은 이 돈으로 회사를 경영한다.

주주

번 돈의 일부는 투자해 준 주주에게 '배당금' 형태로 돌려준다.

배당금을 많이 받을 수 있는 기업으로 잘 골라서 투자해야 돼!

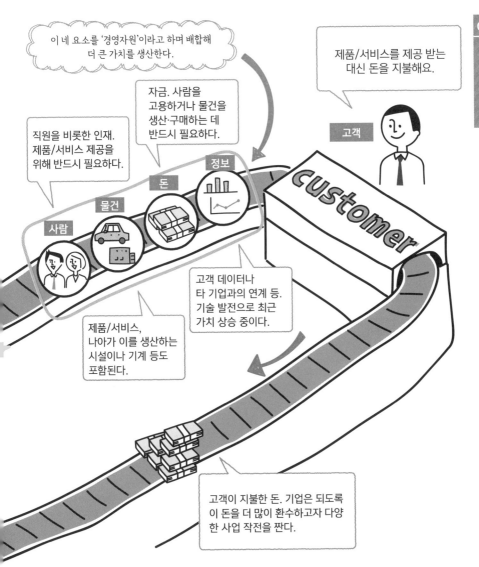

이 네 요소를 '경영자원'이라고 하며 배합해 더 큰 가치를 생산한다.

제품/서비스를 제공 받는 대신 돈을 지불해요.

자금. 사람을 고용하거나 물건을 생산·구매하는 데 반드시 필요하다.

직원을 비롯한 인재. 제품/서비스 제공을 위해 반드시 필요하다.

고객

정보

돈

물건

사람

고객 데이터나 타 기업과의 연계 등. 기술 발전으로 최근 가치 상승 중이다.

제품/서비스, 나아가 이를 생산하는 시설이나 기계 등도 포함된다.

고객이 지불한 돈. 기업은 되도록 이 돈을 더 많이 환수하고자 다양한 사업 작전을 짠다.

"기업 경영을 위해서는 **사람·물건·돈·정보**가 필요합니다. 사람은 직원, 물건은 제품 및 서비스, 돈은 자금, 정보는 데이터 등을 말해요. 기업은 이 네 요소를 잘 섞어 고객에게 유익한 제품과 서비스를 제공하고 고객으로부터 돈을 받아 수익을 얻습니다. 이렇게 번 돈의 일부를 주주에게 배당금 형태로 지급하면 주주는 기업 주식을 더 사서 기업에 투자하는 것이지요."

03

경영학, 왜 배워야 할까?

가게나 회사를 운영하는 사람은 일부다.
나머지 사람들에게 경영학은 어떤 의미가 있을까?

학생 한 명이 교수에게 "저는 앞으로 가게나 회사를 경영할 계획이 없고 대기업에 취직하려고 하는데 그런데도 경영학을 공부해야 할까요?"라고 질문했다. 교수는 "회사원이라 해도 여러 부서가 있어요. 그리고 보통 자신이 속한 부서의 업무 내용은 잘 알아도 다른 부서가 뭘 하는지는 자세히 몰라요."라고 답했다.

대기업일수록 다른 부서 업무를 모른다

교수는 이어 "경영학을 배우면 회사에 어떤 부서가 있고 다른 부서는 어떤 목표 아래 무슨 일을 하는지 알게 돼요. 부분을 알고 경영자 시점으로 전체를 바라보면 소속 부서에서 자신이 어떻게 일해야 하는지 깨닫게 되죠. 그러면 업무를 대하는 태도도 달라지고 보람도 생깁니다. 일반 사원이 경영학을 공부해야 하는 이유가 바로 여기에 있습니다."라고 말했다.

왜 경영자 시점인가

경영학

04

경영학과 경제학, 뭐가 다를까?

이름이 비슷한 경제학과 경영학.
그런데 뭐가 다른지 설명하지 못하는 사람이 의외로 많다.

또 다른 학생이 "경제학과 경영학은 뭐가 달라요?" 하고 질문했다. 교수는 말했다. "경영학이 기업 활동 중심의 학문이라는 사실은 이제 이해했을 거예요. 이에 반해 경제학은 기업뿐 아니라 개인, 정부, 우리나라*와 세계 등 좀 더 넓은 관점에서 경제활동을 분석하는 학문이에요. 물론 경영학에서도 이들을 다루지만 경영학의 초점은 어디까지나 기업이에요."

경제학과 경영학의 초점 차이

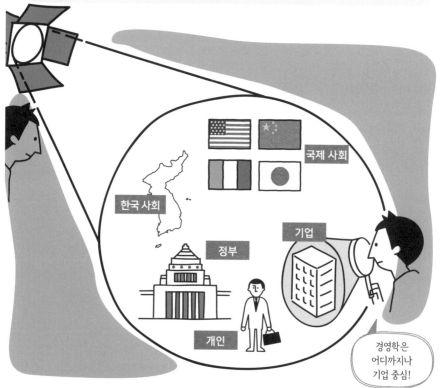

국제 사회

한국 사회

정부

기업

개인

경영학은
어디까지나
기업 중심!

"좀 더 자세히 설명하면 경제학에는 거시경제학과 미시경제학 두 가지가 있어요. 예를 들어 불경기라고 가정해 봅시다. 거시경제학은 경기 회복을 위해 정부는 무엇을 해야 하는가라는 국가 차원의 경제 메커니즘을 생각해요. 미시경제학은 물가가 하락할 때 보이는 소비자와 기업의 소비행동 법칙 등을 발견해 분석하고요. 한편 경영학은 소비 위축이라는 위기 상황에서 기업이 살아남으려면 무엇을 해야 하는지 최적의 방법을 모색한답니다.".

만약 불경기라면…

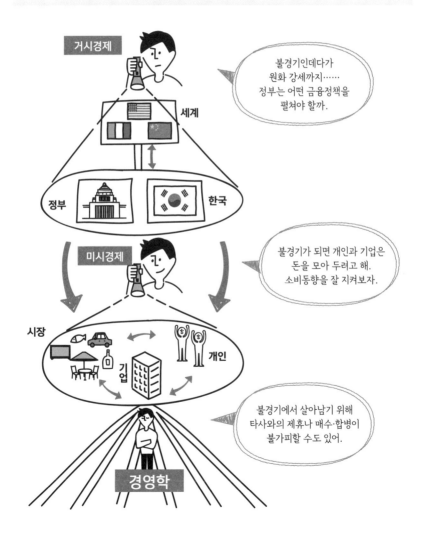

경영학

05

경영 컨설턴트가 하는 일은?

기업의 경영진은 때때로 전문가,
즉 경영 컨설턴트의 의견을 듣고 참고한다.

경미 씨는 교수의 이야기를 들으며 궁금한 것이 생겼다. "기업의 경영진은 경영 방침 등을 혼자 결정하나요?" 교수는 "요즘은 경영진이 사내는 물론이고 사외 전문가, 즉 **경영 컨설턴트**의 조언을 듣는 일이 흔해요. 최근에는 민간기업뿐 아니라 NPO 법인이나 지자체, 병원이나 학교에도 경영 컨설턴트가 상주하는 경우가 많아요."라고 대답했다.

여러 단체에 조언하는 경영 컨설턴트

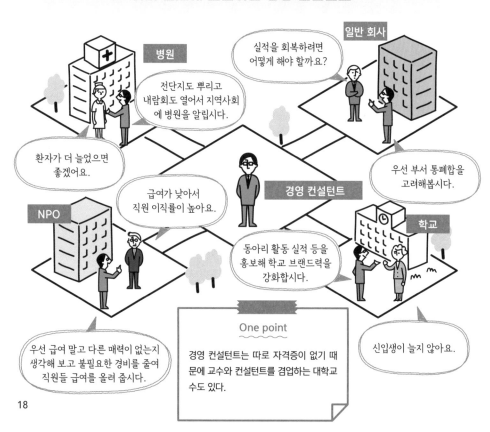

경영학

06

MBA란?

경영학 관련 자격으로 유명한 MBA에 대해 알아보자

강의가 거의 끝나갈 즈음 마지막으로 교수가 물었다. "여러분 중 MBA 과정에 진학하려는 사람 있나요?" 몇 명인가 손을 들었다. "MBA란 Master of Business Administration의 약자로 경영학 석사를 말해요. 해외에서 취득하는 자격과 국내 비즈니스스쿨에서 취득하는 자격이 있는데 기업에 따라 평가 방식이 다를 수도 있기 때문에 미리 숙지한 뒤 목표를 정하는 게 좋아요."

해외 MBA와 국내 MBA 비교

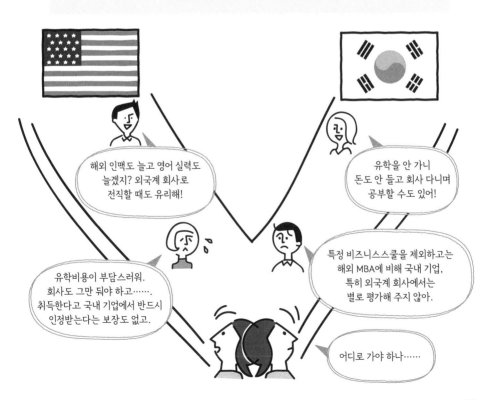

해외 인맥도 늘고 영어 실력도 늘겠지? 외국계 회사로 전직할 때도 유리해!

유학을 안 가니 돈도 안 들고 회사 다니며 공부할 수도 있어!

유학비용이 부담스러워. 회사도 그만 둬야 하고……. 취득한다고 국내 기업에서 반드시 인정받는다는 보장도 없고.

특정 비즈니스스쿨을 제외하고는 해외 MBA에 비해 국내 기업, 특히 외국계 회사에서는 별로 평가해 주지 않아.

어디로 가야 하나……

경영학은
어떻게 시작됐을까?

경영학은 어떻게 시작됐을까?

경영학은 어떻게 생겨난 학문일까? 18세기 후반부터 시작된 산업혁명으로 사회는 지금까지의 농촌 중심 사회에서 자본주의적인 공업 사회로 변모했다. 그러나 시간이 지나면서 공장의 열악한 노동환경 탓에 노동자와 자본가 간에 분쟁이 발생했다.

이 후 19세기 후반, 급속도로 발전한 미국의 공업화 물결 속에서 프레드릭 테일러(Frederik Taylor)가 '과학적 관리법'이라는 노동자 관리법을 제안했는데 이것이 경영학의 출발이라고 여겨진다. 테일러는 공장 직원 혼자서 여러 공정을 담당하던 기존 작업 형태를 분업을 통한 흐름 작업으로 바꿔 비용을 10분의 1 이하로 낮췄다. 또 하루 작업량 결정과 작업 매뉴얼화, 차별적 성과급제 등 오늘날 생산관리의 기초라고 여겨지는 이론 모두가 '과학적 관리법'에서 나왔다.

F.Taylor

chapter 2

기업이란

경미 씨는 지난 강의에서 경영학의 기본 개념을 공부했다.
두 번째 시간인 오늘은 경영학의 중심 주체인
'기업'에 대해 배운다고 한다.

주식회사란?

기업
01

경영학의 기본에 대해 배운 지난주 강의에 이어 오늘의 주제는 기업이다.

교수가 설명했다. "그럼 도대체 **주식회사**란 뭘까요? 기업이 사업을 추진하려면 돈이 있어야 합니다. 즉 자금을 모아야 하는데 이를 위해 은행 등에서 돈을 빌리기도 하고 주식이라는 증명서를 발행해 누군가에게 팔기도 합니다. 주식을 구입한 사람, 즉 주주는 기업의 사업이 잘 되면 주식 가치가 올라 배당금 형식으로 이익 분배를 받습니다. 단 주식을 구입했다 하더라도 출자 금액 이상의 책임은 지지 않는 게 원칙입니다."

소규모 회사는 경영자 자신이나 집안의 돈을 끌어다 운영한다

"사업이 성공해 회사가 커지면 증권거래소라는 주식 거래소의 인정을 받습니다. 그러면 누구나 회사 주식을 살 수 있게 되죠. 이를 상장이라고 하는데 상장하면 회사 미래에 투자 가치가 있다고 생각하는 사람들을 상대로 자금을 모을 수 있습니다. 자금이 많이 모이면 적극적으로 사업을 확장시킬 수도 있고 회사 지명도도 오르기 때문에 대부분 기업의 목표는 상장입니다."

회사가 커지면 모두를 상대로 돈을 모을 수 있다

기업 02

자회사와 관련회사, 뭐가 다르지?

기업은 다른 기업과 협력해 수익을 창출하는데
그 방법 중 하나가 자회사와 관련회사이다.

교수는 "자회사와 모회사라는 단어를 들어본 적 있죠?"라고 물었다. A라는 회사가
B라는 회사의 주식을 50퍼센트 이상 가지고 있을 때 A를 모회사, B를 자회사라고
부르며 이 비율이 20퍼센트 이상 50퍼센트 이하인 경우를 관련회사라고 부른다.
엄밀히는 모회사가 가진 주식의 비율이 40퍼센트 이상이라도 사장이 모회사에서
파견됐거나 하는 식으로 '실질적 지배'를 받는 상황이라면 자회사라고 부른다.

모회사와 자회사 · 관련회사

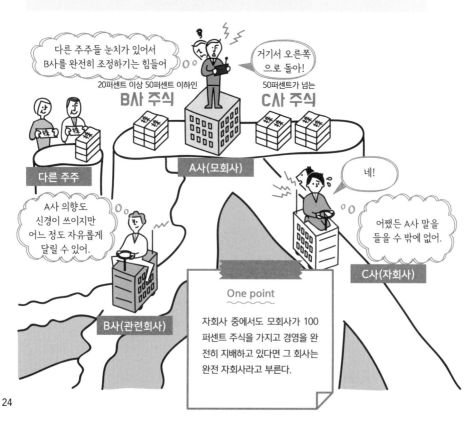

"기업은 왜 이런 관계를 맺는 걸까요? 사실 장점이 많습니다. 이를테면 모회사가 신규 사업을 시작할 때 자사 사업부에서 주관하는 것보다 자회사를 통해 하는 편이 의사결정이 신속하고 타사를 상대로 사업 투자를 받을 수도 있습니다. 자회사가 성장해 상장하면 자금 조달도 가능하고요. 모회사 영향력을 어느 정도 남겨 두느냐에 따라 자회사가 되기도 하고 관련회사가 되기도 합니다."

왜 자회사·관련회사를 만들까?

이 사업은 다른 회사와 함께 하는 게 좋지 않을까요?

저희 사업부에서 이런 사업을 해보고 싶습니다.

간섭하고 조종하기 원하는 쪽은 자회사로, 자유롭게 놔두길 원하는 쪽은 관련회사로.

사업부

모회사

자회사

관련회사

One point

자회사화 하면 장래 간부 사원에게 경영 경험을 쌓게 한다거나 타사와 사업 리스크를 분담할 수 있다는 장점이 있다.

기업
03

지주 회사와
모자 회사의 차이는?

최근 과거의 재벌그룹이 지주 회사 체제로 전환하는 사례가 늘고 있다.

교수의 설명은 계속됐다. "또 최근에는 지주 회사, 즉 홀딩스가 인기입니다. 지주
사 체제에서 모회사는 따로 사업을 하지 않고 자회사 경영 지도만 합니다. 지주
사는 그룹 전체 의사결정에만 전념하기 때문에 경영에 속도가 붙고 사업 효율성
도 좋아집니다. 예를 들어 롯데그룹에서는 롯데지주라는 지주회사가 세븐일레븐
등을 전개하는 자회사 코리아세븐의 주식을 가지고 경영을 지도합니다."

롯데 그룹 사례

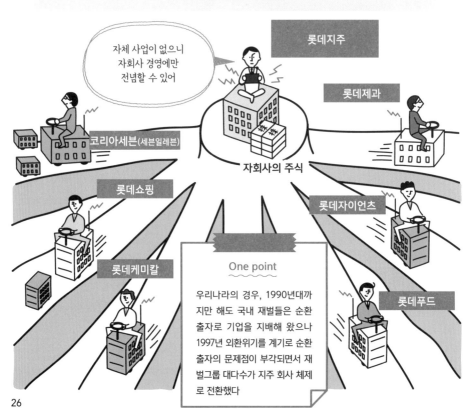

"그럼 앞서 배운 모자 회사와 지주 회사의 차이점은 무엇일까요? 기존의 모자 회사 관계에서 모회사의 최우선 과제는 자사 사업이고 자회사는 모회사의 지배 아래 있습니다. 이에 반해 지주사 체제에서는 모회사가 그룹 전체의 이익을 위해 자회사별로 다른 인사제도를 도입하기도 하고 리스크를 분산시키기도 합니다. 가령 어느 그룹의 A라는 자회사가 망한다 해도 B라는 다른 자회사에는 아무 영향이 없습니다."

기존 모자 회사와 지주 회사의 차이

기업

04

기업이 서로 협력하는 방법은?

기업 간에는 상하 협력뿐 아니라 대등한 위치에서의 협력도 있다.
때로는 라이벌과 손을 잡아야 할 때조차 있다.

교수는 갑자기 과자 이야기를 꺼냈다. "만약 내가 과자를 만들었는데 인기가 많아져서 여러 사람이 만들어 달라고 하면 어떨까요? 혼자 대량의 과자를 만들기는 어려울 거예요. 아마 친구에게 도와달라고 부탁하겠지요? 기업 역시 이런 식으로 협력하기도 합니다. 이걸 업무 제휴라고 하는데 여러 형태가 있습니다."

다양한 제휴 형태

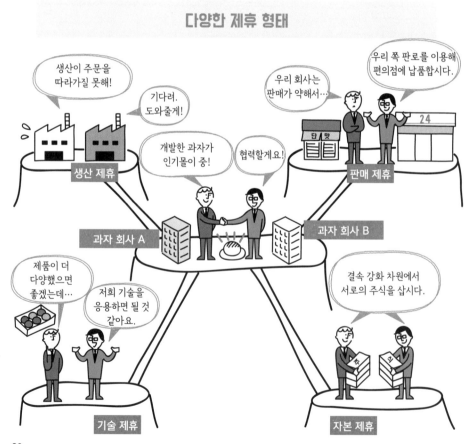

교수는 "주로 역 앞에는 싸고 바로 먹을 수 있는 분식이나 국수 가게 등이 모여 있습니다. 왜 굳이 라이벌이 많은 곳에 가게를 내는 걸까요?"라고 질문했다. "실은 일부러 경쟁 상대가 많은 곳에 오픈하는 겁니다. 한 지역에 같은 업종이 집중해 있으면 거기로 사람들이 많이 모이고 그러면 매출도 올라가거든요. 이런 걸 코피티션(coopetition) 경영이라고 합니다."

코피티션 경영이란?

기업
05

M&A란?

다른 회사나 사업부를 통째로 매수해
자사 소유로 삼는 기업 활동을 M&A라고 한다.

교수가 말했다. "신문이나 TV에서 M&A라는 말을 자주 접했을 겁니다. 기업과 기업의 관계는 모자 회사나 업무 제휴 등만 있는 게 아닙니다. 돈으로 자사가 보유하지 않은 기술 등을 가진 기업을 통째로 매수해 버리는 일조차 있지요. M&A 란 Merger and Acquisition의 약자로 번역하면 '합병과 인수'라는 뜻입니다. 일본 소프트뱅크 그룹 등은 은행 차입 등으로 다수의 회사를 매수해 사업을 확대하고 있습니다."

M&A의 목적

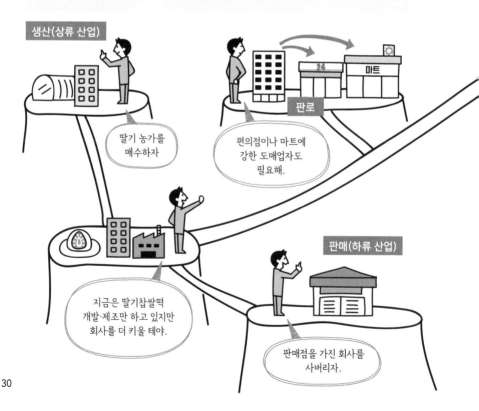

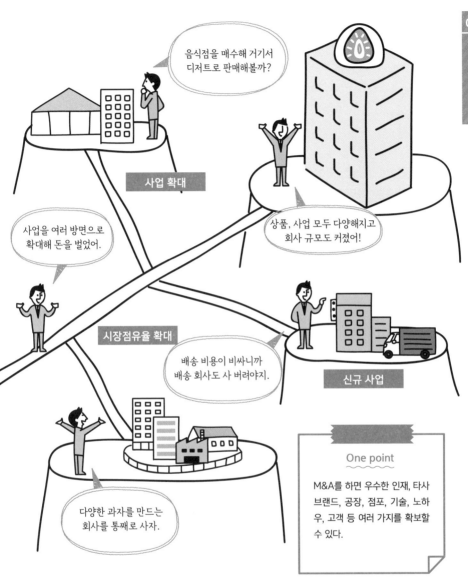

"만약 여러분이 딸기찹쌀떡 개발·제조만 하는 회사의 사장이라고 가정해 봅시다. 타사를 매수해 회사를 키우려면 어떻게 하면 될까요? 이를테면 딸기 농가와 자사 상품을 팔아줄 가게를 매수해 딸기찹쌀떡과 관련된 모든 사업을 자사가 주도하는 방법이 있겠지요. 또 판매력이 강한 회사를 통째로 사서 판로나 시장점유율을 확대해 회사를 키우는 방법도 있습니다."

기업
06

다양한 M&A 방식

M&A에는 여러 방식이 있다.
상대 회사의 주식 매입 이외에 어떤 방법이 있을까?

교수는 "앞서 든 딸기찹쌀떡 예에서는 '상대 회사를 매수'한다고 간단히 설명했지만 실제로는 여러 방법이 있습니다. 중소기업 등의 나이 많은 경영자는 후계자를 찾습니다. 대부분 자신의 자녀를 사장으로 세우곤 하지만 요즘은 다른 회사에 넘겨 자회사가 되기도 하고 좀 더 큰 회사의 사업부로 들어가기도 합니다. 이러한 방법을 사업 승계라고 합니다."라고 설명했다.

사업 승계와 합병

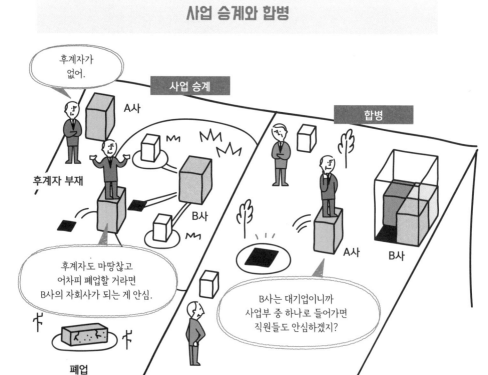

TOB·LOB·주식 교환

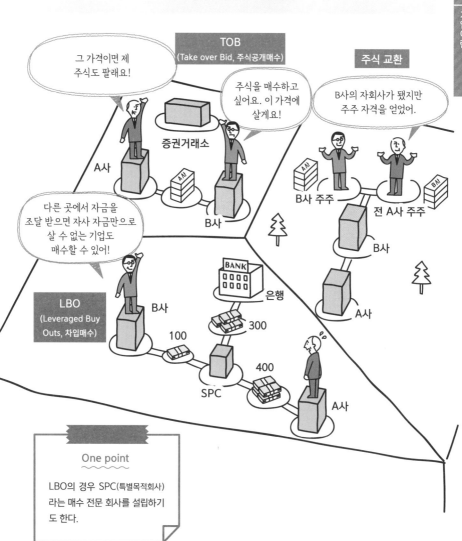

"그 밖에도 매수할 회사 주식과 자사 주식을 교환해 자회사화 하는 주식 교환 방법도 있습니다. 또 특정 회사의 주식을 매입하기 위해 기업 매수 조건을 공개해 증권 시장 밖에서 불특정다수 주주들의 주식을 사들이는 TOB(주식공개매수), 자기 자본뿐 아니라 사들이려는 기업의 자산 등을 담보로 돈을 빌려 매수하는 LBO(Leveraged Buy Outs) 등이 있습니다."

기업

07

M&A나 업무 제휴에도
방향성이 있을까?

M&A나 업무 제휴의 목적과 종류도 중요하지만 방향성 차이도 중요하다.

교수가 설명을 이어갔다. "M&A나 업무 제휴의 목적은 자사 사업 영역 확대인데 실은 여기에도 방향성이 있어요. 첫 번째는 딸기찹쌀떡 기업이 원재료 조달에서 판매까지의 모든 과정을 자사가 관리하는 식의 방향성이에요. 이것을 수직통합 (Vertical Integration)이라고 합니다." 최근에 이루어진 유명한 수직통합 사례로 패션브랜드 ZARA나 유니클로를 들 수 있다.

의류업계의 수직통합

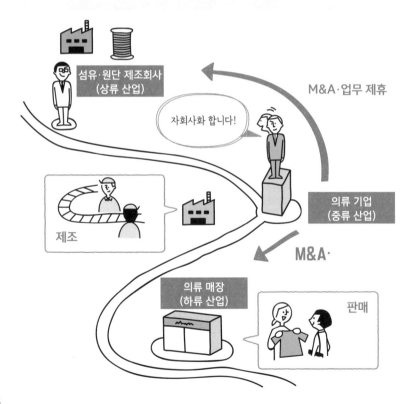

"또 하나는 옆으로 같은 편을 늘리는 **수평통합**(Horizontal Integration)이에요. 수평통합은 같은 사업 영역을 가진 타사와 힘을 합쳐 새로운 시장이나 고객을 확보하는 게 목적이에요. 또 비슷한 방향성으로 **수평분업**(Horizontal Specialization)이라는 게 있어요. 수평통합과의 차이는 자사는 강점을 살릴 수 있는 분야에만 업무를 집중하고 나머지는 타사에 맡긴다는 점이에요. 극단적인 예로, Dell처럼 공장 없이 수주와 고객 지원에만 집중하는 제조사도 등장하고 있어요."

수평통합과 수평분업

● 수평통합

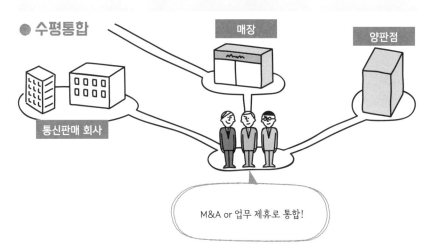

● 수평분업

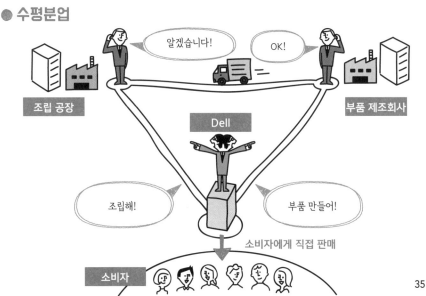

35

기업

08

벤처 기업도 상장할 수 있을까?

설립한지 얼마 안 된 신생 기업 중에는 비약적인 성장을 거듭해
최종적으로 상장하는 기업도 있다.

교수의 설명은 계속됐다. "자, 이번에는 '당근마켓'* 이야기를 해 봅시다." 누구나
물건을 사고팔 수 있는 중고 거래 앱인 '당근마켓'은 경미 씨도 자주 사용한다.
"당근마켓처럼 새로운 사업을 일으키는 젊은 기업을 벤처 기업이라고 합니다. 벤
처 기업은 대기업에 비해 시장 변화에 재빨리 대응할 수 있기 때문에 독창적인
아이디어를 살리거나 대기업의 손이 미치지 않는 니즈에 반응할 수 있어요. 이런
식으로 급성장해 상장에 성공하는 벤처 기업도 있답니다."

대기업과 벤처 기업의 차이

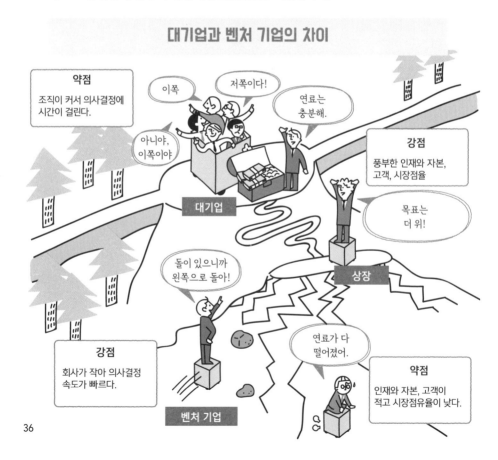

"상장하면 다수를 상대로 돈을 모을 수 있는데 상장에는 여러 조건이 필요합니다. 회사 규모나 수익, 주주 수 등을 증권거래소가 심사하지요. 유명한 벤처 기업 중에는 대기업의 지원을 받아 성장하는 벤처 기업도 있어요. 특히 아직 상장 전인 매출이 큰 유망 벤처 기업 중 기업 가치가 10억 달러 이상인 회사를 유니콘 기업이라고 해요."

유니콘 기업이란?

이 가운데 유니콘 기업이 있을지도…. 유망 기업에 투자해 잘 길러야지.

대기업

벤처 기업군

One point

유니콘 기업이란 기업 가치가 10억 달러(1조 원) 이상인 미상장 기업을 가리킨다. 기업 규모가 작다고 상상 속의 동물인 유니콘이라는 이름이 붙여졌다.

기업

09

변화하는 기업과 사회의 관계

기업은 늘 사회에 미치는 영향을 고려해야 하는데
오늘날 기업과 사회와의 관계는 예전과 많이 달라졌다.

이제 수업도 막바지에 접어들었다. "마지막으로 기업과 사회의 관계를 설명하고 마치려고 합니다. 기업은 사회에 공헌하는 길을 모색해야 하는데, 이를 CSR(Corporate Social Responsibility)라고 합니다. 기업은 자사 이익 추구에만 급급해서는 안 되며, 사회의 일원으로서 사회의 영속 발전에 공헌하는 존재여야 한다는 말이지요. 또 모든 이해 관계자를 상대로 설명해야 할 책임이 있습니다."

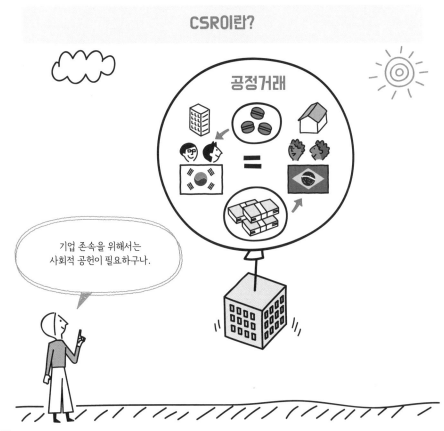

CSR이란?

공정거래

기업 존속을 위해서는
사회적 공헌이 필요하구나.

"오늘날은 사회공헌뿐 아니라 수익 극대화와 기업 이미지 향상에도 도움이 되는 CSV(Creating Shared Value)라 불리는 활동이 주목받고 있습니다. 음료 제조회사인 네슬레는 카카오 농가를 지원해 생산을 강화하고 수익을 올리는 네슬레 카카오 플랜이라는 캠페인을 전개하고 있어요. 가난한 농촌에 인프라를 구축하고 농가 생활을 지원하는 등의 활동은 고스란히 네슬레의 브랜드 이미지 상승과 수익 증대로 이어지고 있어요."

CSV란?

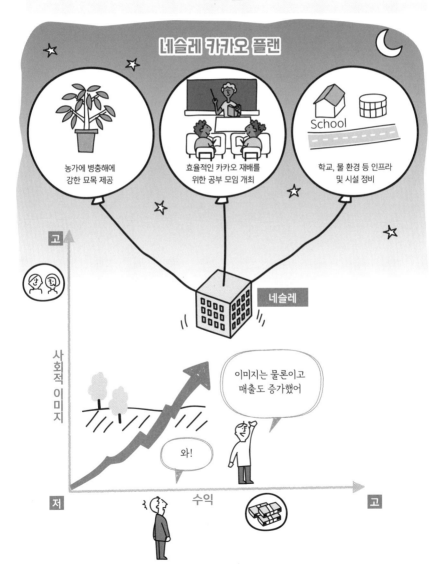

NPO는
어떤 단체일까?

사업 활동의 주체는 주식회사에만 국한되지 않는다. 다양한 단체가 사업 활동의 주체로 활동하고 있으며 NPO도 그 중 하나다. NPO란 Nonprofit Organization의 머리글자를 딴 것으로 비영리단체라는 뜻이다. 넓은 의미로는 학교법인이나 의료법인, 종교법인 등도 포함되며 일반기업과의 차이는 이익을 최우선 목적으로 삼지 않는다는 점이다.

그러나 이익을 추구하지 않는다고는 해도 활동하려면 자금이 필요하다. 무급 자원봉사자로 이루어진 조직도 있지만 유급 직원을 고용하는 곳도 있다.

NPO의 수입원은 단체에 따라 다르다. 회원제로 운영해 회비를 걷어 활동비를 충당하기도 하고 강연회나 서적 판매로 자금을 모으는 곳도 있다.

chapter 3

경영전략이란①

영태 씨

삼촌

강의를 들으며 경영학에 흥미가 생긴 경미 씨는
회사를 경영하는 영태 씨와 삼촌에게
'경영전략'에 대해 배울 생각이다.

경영전략①

01

경영전략이란?

경영학과 기업의 기본 지식을 익힌 경미 씨.
이제 본격적으로 카페에 대한 계획을 세워볼 참이다.

경미 씨의 꿈은 카페 운영자다. 그런데 어떻게 해야 카페가 잘 될까? 우선 경영
전략을 수립해야 한다. 전략이란 글자 그대로 싸우는 방법이다. 전략을 정할 때
'어떤 카페로 만들고 싶은가?'와 '사회에 어떻게 공헌할 것인가?'라는 경영이념
을 생각해야 한다. 즉, 미래 목표(비전)와 사명(미션)을 정하는 일이 중요하다.

미래 모습(비전)

어떤 카페로 만들고 싶은가?

아담한 지역밀착형

개성 있는 인테리어·메뉴

장래 목표는 체인점

경영이념

?

경미 씨

사명(미션)

사회에 어떻게 공헌할 것인가?

지역 주민이 모이는 곳으로

엄마들이 아이와 함께 맘 편히 올 수 있는 곳으로

여러모로 조사해 보자.

내가 원하는 고객은?

이 지역에는 어떤 사람들이 있지?

시장·고객
(Customer)

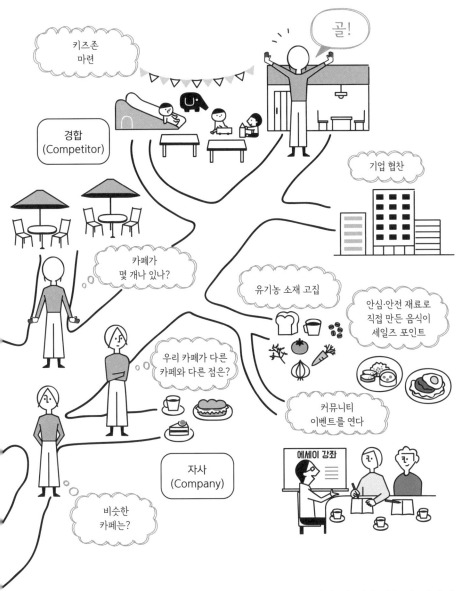

경영이념을 세웠다면 다음에는 출점 예정 지역에 카페가 몇 개나 있는지, 라이벌에 될 만한 가게는 어딘지, 자신의 카페는 어떤 특색과 강점이 있는지 등을 조사하고 검토한다. 이러한 과정을 통해 자신의 카페와 카페를 둘러싼 환경을 분석할 수 있는데 이를 3C 분석이라고 한다. 3C란 '시장·고객(Customer)' '경합(Competitor)' '자사(Company)'의 첫 글자이다.

경영전략①

02

전략, 어떻게 세워야 할까?①

카페 개업을 향해 한 걸음 뗀 경미 씨. 하지만 앞은 여전히 안개 속처럼
뿌옇기만 하다. 카페 운영에 영향을 미치는 외부 환경에는 어떤 것들이 있을까?

경미 씨는 카페를 열었는데 막상 손님이 한 명도 오지 않으면 어쩌지, 하고 불안
해지기 시작했다. 세상 변화에 보조를 맞춰야 손님도 오는 법. 그래서 '부과세 인
상*(정치)' '불경기(경제)' '맞벌이 육아 세대 증가(사회)' '누구나 전문가 솜씨의 커피
맛을 즐길 수 있는 새로운 머신 등장(기계)' 등 카페를 둘러싼 환경 변화에 대해 살
펴볼 생각이다.

*일본은 2019년 10월 1일을 기점으로 7퍼센트였던 부가가치세를 10퍼센트로 인상했다

공원의 4개의 광장에서는 무슨 일이 일어나고 있어?

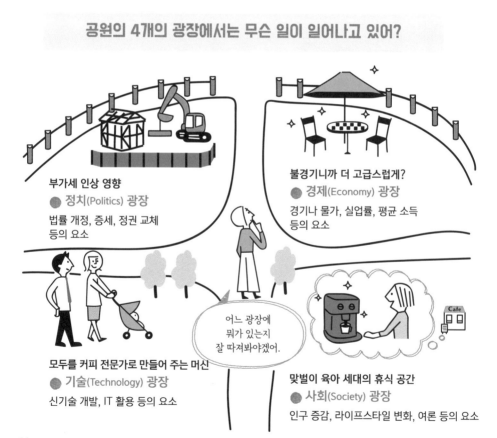

부가세 인상 영향
● 정치(Politics) 광장
법률 개정, 증세, 정권 교체
등의 요소

불경기니까 더 고급스럽게?
● 경제(Economy) 광장
경기나 물가, 실업률, 평균 소득
등의 요소

어느 광장에
뭐가 있는지
잘 따져봐야겠어.

모두를 커피 전문가로 만들어 주는 머신
● 기술(Technology) 광장
신기술 개발, IT 활용 등의 요소

맞벌이 육아 세대의 휴식 공간
● 사회(Society) 광장
인구 증감, 라이프스타일 변화, 여론 등의 요소

네 가지 요소를 두 개 축으로 나눠 지도에 배치

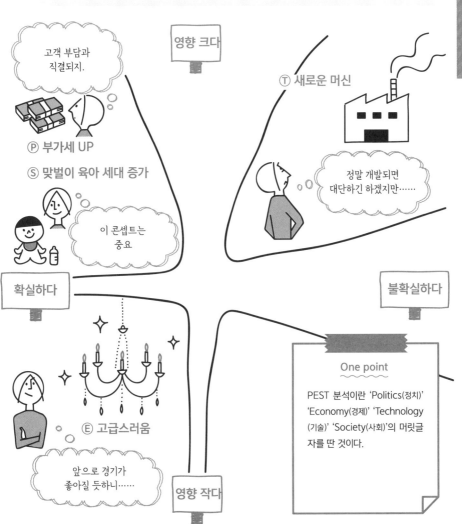

외부 환경 분석을 경영학에서는 'PEST 분석'이라고 한다. 네 가지 요인을 분석해 속한 사회의 유행과 수요, 변화를 알면 자신의 사업과 사회의 간격을 좁힐 수 있다. 더불어 네 요소가 카페에 미치는 영향이 큰지 작은지, 사안이 확실한지 불확실한지를 두 개 축으로 나눠 다시 한 번 살펴본다. 경미 씨 카페를 예로 들자면, 부가세 인상은 확실성이 큰 사안이고 개점 시점에도 크게 관여하기 때문에 지도 왼쪽 위에 위치한다.

경영전략①

03

전략, 어떻게 세워야 할까?②

기업을 둘러싼 환경에 대해 알아본 경미 씨. 이번에는 기업 성공 사례를
참고해 앞으로 운영할 카페의 강점과 약점을 분석해 보았다.

경미 씨는 유명 카페의 성공 비결이 궁금했다. 그래서 스타벅스가 지금처럼 매
장 수를 늘릴 수 있었던 비결을 조사했다. 스타벅스의 성공 비결은 자사의 강
점(Strength)과 약점(Weakness)을 철저히 분석한 데에 있었다. 또 주위 환경을 기회
(Opportunity) 요소와 위협(Threat) 요소로 나눠 다시 한 번 분석했다. 이 방법을 각 항
목의 앞 글자를 따서 SWOT 분석이라고 부른다.

스타벅스의 SWOT 분석

각 방에는 뭐가 있을까?

크로스 SWOT 분석

각 방의 요소를 조합해 새로운 방을 만들자

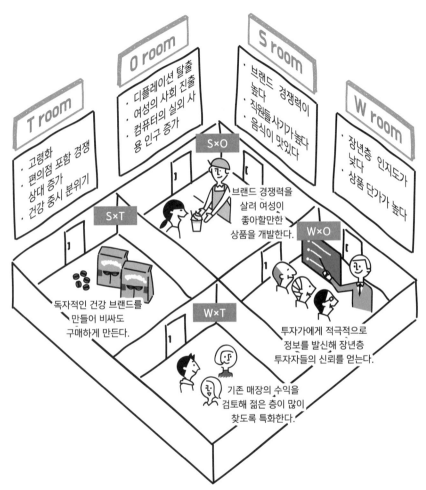

T room
· 고령화
· 편의점 포함 경쟁 상대 증가
· 건강 중시 분위기

O room
· 디플레이션 탈출
· 여성의 사회 진출
· 컴퓨터의 실외 사용 인구 증가

S room
· 브랜드 경쟁력이 높다
· 직원들 사기가 높다
· 음식이 맛있다

W room
· 장년층 인지도가 낮다
· 상품 단가가 높다

S×O
브랜드 경쟁력을 살려 여성이 좋아할만한 상품을 개발한다.

S×T
독자적인 건강 브랜드를 만들어 비싸도 구매하게 만든다.

W×O
투자가에게 적극적으로 정보를 발신해 장년층 투자자들의 신뢰를 얻는다.

W×T
기존 매장의 수익을 검토해 젊은 층이 많이 찾도록 특화한다.

각각의 방에 뭐가 들어있는지 알기만 해서야 아무 소용이 없다. 각 방의 요소를 조합해 새로운 방을 만들고 거기서 구체적 방안을 짜내야 비로소 전략이 된다. 예를 들어 'S×O room'에서는 기회 상황에서 자사의 강점을 최대한 살리는 방안을 마련한다. 여성의 사회 진출이 늘고 경제적으로 여유로운 사람이 증가한 시장 기회를 살리기 위해 여성 대상 상품을 개발하고 식사 메뉴를 개선해 고객 한 명 당 이용 단가를 높이는 방침을 세웠다.

경영전략①

04

전략, 어떻게 세워야 할까?③

기업이 가진 강점이 도드라지면 모방 가치가 있다고 여겨져
너도나도 따라하지 않을까? 이 점에 대해서도 생각해 보자.

신문을 읽던 경미 씨의 눈에 '강한 도요타, 그 비밀을 파헤친다'라는 제목의 기사
가 들어왔다. 경미 씨는 기사를 읽고 도요타는 자사의 강점에 대해 깊이 생각하
고 있다는 인상을 받았다. 기업은 자사의 기술과 제품, 서비스 등이 가치가 있는
지, 기술이 경쟁사가 쉽게 따라할 만한 것인지 등을 숙고한다. 이때의 판단 잣대
가 되는 도구가 VRIO 분석이다. 회사의 기술 등이 어느 정도 가치가 있으며 효
율적으로 사용되고 있는지를 판단할 수 있다.

도요타 공장의 VRIO 분석 YES or NO?

네 가지 질문에 답해보자

Q1 START

자사 경영자원은
경제적 가치가 있는가?
Value(가치)

YES

도요타 일본 공장은
중국 공장과 생산 비용이
같대.

NO

라이벌 기업을
따라잡기란 힘들어.

THE END

도요타의 공장은
작업자 판단을 우선하는
로봇 공존형 공장이야.

Q2

YES

자사 경영자원은
업계에서 희소한가?
Rarity(희소성)

정체

싸울 수는 있지만
특출 나지는 않아.

NO

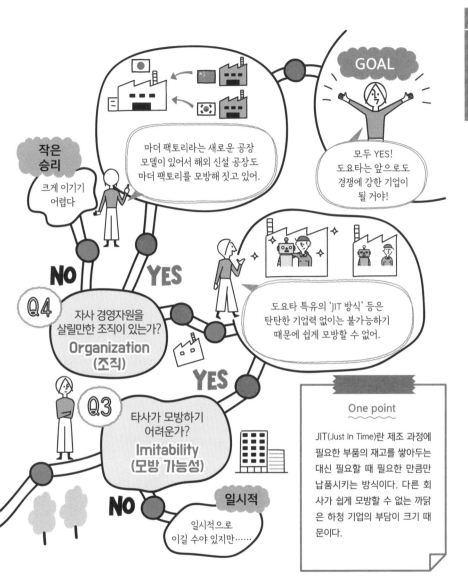

GOAL

마더 팩토리라는 새로운 공장
모델이 있어서 해외 신설 공장도
마더 팩토리를 모방해 짓고 있어.

모두 YES!
도요타는 앞으로도
경쟁에 강한 기업이
될 거야!

작은
승리

크게 이기기
어렵다

NO

YES

Q4

자사 경영자원을
살릴만한 조직이 있는가?
Organization
(조직)

도요타 특유의 'JIT 방식' 등은
탄탄한 기업력 없이는 불가능하기
때문에 쉽게 모방할 수 없어.

YES

One point

JIT(Just In Time)란 제조 과정에
필요한 부품의 재고를 쌓아두는
대신 필요할 때 필요한 만큼만
납품시키는 방식이다. 다른 회
사가 쉽게 모방할 수 없는 까닭
은 하청 기업의 부담이 크기 때
문이다.

Q3

타사가 모방하기
어려운가?
Imitability
(모방 가능성)

일시적

NO

일시적으로
이길 수야 있지만……

도요타 일본 공장은 자사 해외 공장과 생산 비용이 같은데, 이는 경제적인 면에
서 매우 가치가 높다. 또 작업자 판단을 우선하는 로봇 기술은 탄탄한 기업력이
라는 전제 조건이 필요하기 때문에 타사가 간단히 모방할 수 없다. 나아가 해외
공장의 기술 이전을 돕는 마더 팩토리(mother factory) 등의 조직력도 갖추어져 있다.
경미 씨 카페도 규모가 커지면 VIRO 분석이 도움이 될 것이다.

경영전략①
05
무슨 사업을 할지
어떻게 정하지?①

여러 기업을 조사한 경미 씨의 다음 관심사는 사업 범위 정하기다.
사업 범위란 뭘까?

경미 씨는 회사를 경영하는 친구 영태 씨에게 조언을 구하러 갔다. 영태 씨는 "먼저 사업 범위를 정해야 해."라고 말했다. 사업 범위란 '어느 분야에서 싸울까' 하는 것이다. 올바른 결정을 내리려면 세 가지 관점, 즉 '누구에게 제공할 것인가(고객축)' '어떻게 제공할까(제품·기술축)' '무엇을 제공할 것인가(기능축)'를 생각해야 한다고 영태 씨는 조언했다. 사업 범위를 사업 도메인이라고 한다.

사업 도메인 결정 방법

세 가지 관점에서 생각한다

사업 도메인의 명확화

세 가지 관점을 조합해 생각한다

사무실 음료 배달
서비스

책, 잡지 위탁 판매

테이크아웃 판매

카페

이벤트 공간 대여

One point

카페라고 해서 음식만 팔지 않
는다. 그 밖의 어떤 요소로 승부
를 볼 것인가? 그 범위를 명확히
하자.

영태 씨와 함께 세 가지 기준에서 사업 범위를 생각한 경미 씨는 실제로 이 가운
데 어떤 요소로 수익을 창출할지 생각했다. 그 결과 본업인 음식 제공 이외에 사
무실 음료 배달 서비스, 테이크아웃 판매, 이벤트 공간 대여, 책·잡지 위탁 판매
라는 길이 보였다. 사업 범위를 명확히 하자 전보다 사업 윤곽이 뚜렷해졌다.

경영전략①
06

무슨 사업을 할지
어떻게 정하지?②

기업 중에는 압도적으로 뛰어난 능력을 가진 기업이 있다.
압도적으로 뛰어난 능력이란 어떤 것일까?

SWOT 분석이나 VRIO 분석에서 '기업의 강점'을 이야기했다. 기업의 강점을 역량(Competence)이라고 하는데, 성공한 기업은 강점 중에서도 '압도적으로 뛰어난 강점, 즉 **핵심역량**(Core Competence)'를 가지고 있다. 이를테면 SONY의 소형화 기술이 그렇다. 강점이 핵심역량인지 아닌지는 다른 사업에의 적용 가능성, 내구성, 대체 가능성, 희소성, 모방 가능성이라는 다섯 가지 관점에서 생각한다.

핵심역량의 조건은?

핵심역량이 빠지기 쉬운 실패

One point

핵심역량은 시대에 따라 변한다. 소형화가 당연한 시대에 거기에 만 집착한다면 올바른 대응이 아 니다.

그러나 시대가 변하면서 경쟁사도 소형화 기술을 보유하게 됐다. 소형화는 이제 더 이상 강점이 아니다. 시대가 변하는 데도 그 흐름을 읽지 못하고 언제까지고 과거의 핵심역량에 집착하는 일은 위험하다. 제2, 제3의 핵심역량을 찾기 위해 기업은 늘 자사의 강점이 무언인지 검증하는 일을 쉬지 말아야 한다.

경영전략①

07

동시에 여러 사업을 하는 게 좋을까?

경미 씨는 자동차 제조회사에 근무하는 삼촌에게도 조언을 구하러 갔다.
삼촌 회사는 자동차 제조 이외에도 여러 사업을 전개 중이다.

경미 씨 삼촌의 회사는 자동차 제조 대기업인데 자동차는 물론이고 자동차를 만드는 과정에서 획득한 기술과 노하우, 인재를 활용해 바이크와 제트엔진도 생산한다. 이처럼 본업 이외의 다른 분야로 사업을 확장하는 경영전략을 다각화라고한다. 다각화에는 네 가지 방향성이 있다.

네 가지 다각화 유형

● 수평형
기존 고객에게 비슷한 제품을 제공한다
바이크 제조 등

삼촌

오토바이의 제조 등

수평형, 수직형 모두 본업을 토대로 전개하는 만큼 안정 속도가 빠르지만 큰 성장을 기대하기는 어려워.

● 수직형
제품 유통 과정 중 타사에 맡겼던 부분을 자사 사업으로 가져온다.
외주 부품을 자사가 제작

외주를 주던 부품의 내제화 등

제트엔진 제작 등

● 집성형
지금까지의 자사 사업과
전혀 관계없는 사업
리조트 시설 경영 등

집중형은 리스크가 낮고
수익도 안정적이야.
집성형은 본업의 영향이
적기 때문에 리스크가
분산 돼.

● 집중형
외주를 주던 부품의
내제화 등

제트엔진
제작 등

One point

여러 사업을 동시에 전개하면 사업 간
에 긍정적인 효과가 발생하기도 한다.
이를테면 철도회사가 버스 노선도 가
진 경우 역 근접성이 좋아져 주택지에
사람이 모이게 되고, 그러면 양쪽 사업
모두의 수익이 오른다. 이 같은 효과를
시너지 효과라고 한다.

네 가지 방향성이란 기존 고객에게 바이크를 파는 수평형, 자동차 제조에서 판매
까지의 과정 중 외주에 의존하던 부분을 자사가 담당하는 수직형, 엔진 제작 노
하우를 살려 제트기 엔진을 만드는 식의 집중형, 그리고 자동차와 전혀 관계없는
호텔 사업을 전개하는 집성형을 말한다. 다각화를 추진하면 여러 사업이 시너지
효과를 일으켜 기업 성장에 도움이 되지만 사람과 돈이 필요하다.

경영전략①

08

여러 사업을 하면 손해지 않을까?

사업 다각화도 좋지만 자금과 인재 등에는 한계가 있기 마련이다.
어느 사업에 투자할지 어떻게 정할까?

어느 사업에 계속 투자할지를 결정하려면 사업 평가를 해야 한다. 사업을 학교 학급에 비유하면 시험 점수와 향상률을 기준으로 학생을 네 그룹으로 나눌 수 있다. 낮은 점수였다가 높은 점수로 껑충 뛴 아이(스타), 고득점에서 제자리걸음 상태인 아이(돈줄), 점수는 낮지만 성장가능성이 많은 아이(골칫거리), 점수가 낮고 성장가능성도 없어 보이는 아이(물음표)이다.

PPM 교실의 네 그룹

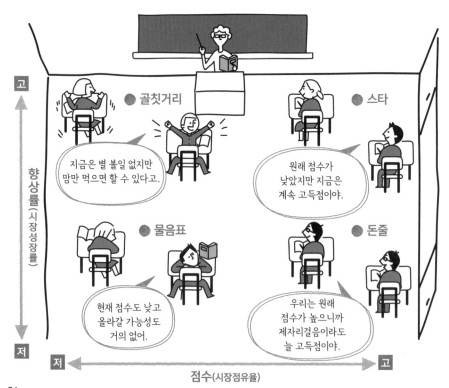

전자제품 제조기업 A의 분류 예시

골칫거리

카메라 성능은
뛰어난데 워낙 변화가
심해서……

스마트폰용 CMOS
(카메라) 센서

스타

4K TV

A의 4K TV가 대기!
종류도 다양해서 사람들이
더 찾을 것 같아!

물음표

컴퓨터

에어컨, 게임기는
예나 지금이나
역시 A지.

돈줄

에어컨

스마트폰이랑
태블릿에 밀려서 이제
한물 갔어.

휴대용 게임기

고 ↕ 저

시장성장률

저 ←――――――→ 고

시장점유율

*PPM은 보스턴 컨설팅 그룹이 제창한 프레임워크다.

이러한 평가 방식을 PPM(Product Portfolio Management)이라고 한다. 한 전기제품 제조
회사 A를 예로 들어보자. '시험 점수'는 시장점유율, 즉 얼마나 팔리는가를 나타
내고, '향상률'은 시장성장률, 즉 성장 가능성이 있는 분야인가를 나타낸다. 가령
4K TV는 향후 성장 가능성이 높아 보이고 제품도 잘 팔리기 때문에 '스타'이다.
PPM 분류 결과를 토대로 각 사업 및 제품에 대한 자금 투입과 인원 배치, 사업
철퇴 등을 판단한다.

경영전략①

09

사업을 더 확대하는 방법은?

사업을 확대하는 방법은 다각화 외에도 여러 길이 있다.
기존 사업을 성장시키는 방법 등과 비교해 판단한다.

다각화에 대해 배운 경미 씨는 사업을 확대하는 다른 방법이 없는지 궁금해졌다. 경미 씨 삼촌에 의하면 다각화는 사업 성장을 위한 한 가지 방법에 불과하다고 한다. 앤소프라는 경영학자는 기존 시장과 신시장, 기존 제품과 신제품의 요소를 조합한 매트릭스 모델을 통해 사업 성장 방향성과 어느 사업을 어떻게 확대할지를 결정하는 앤소프 매트릭스(Ansoff Matrix)를 고안했다.

시장 침투 영역

기존 제품을 기존 고객에게 더 많이 팔기 위한 영역

기존 시장

광고로 더 많은 사람에게 알려 고객을 늘린다.

모델 체인지한 제품을 내놓고 기존 고객에게 모델을 바꾸라고 제안한다.

신시장 개척 영역

기존 제품을 신규 고객에게 제안해 팔기 위한 영역

신규 시장

미개척 해외 시장에 진출해 기존 제품을 판매한다.

기존 제품

앤소프는 사업을 성장시키는 네 가지 영역을 제시했다. 기존 고객에게 제품을 더 많이 사게 하는 시장 침투 영역, 새로운 고객에게 기존 제품을 사게 하는 신시장 개척 영역, 기존 고객에게 신제품을 제안하는 신제품 개발 영역, 그리고 전혀 새로운 고객에게 전혀 새로운 제품을 제안하는 다각화 영역이다. 각 영역에서 다양한 방향성을 검토해 어느 영역에 얼마만큼의 힘을 쏟을지 생각한다. 참고로 다각화 영역은 난이도가 높다.

한 자동차 제조회사의 앤소프 메트릭스

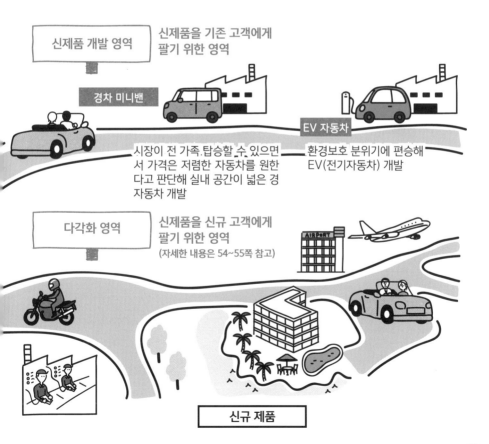

신제품 개발 영역

신제품을 기존 고객에게 팔기 위한 영역

경차 미니밴

EV 자동차

시장이 전 가족 탑승할 수 있으면서 가격은 저렴한 자동차를 원한다고 판단해 실내 공간이 넓은 경자동차 개발

환경보호 분위기에 편승해 EV(전기자동차) 개발

다각화 영역

신제품을 신규 고객에게 팔기 위한 영역
(자세한 내용은 54~55쪽 참고)

AIRPORT

신규 제품

경영전략①

10

블루오션이란?

신규 사업을 추진 중이라면 경쟁자가 적은 분야가 최고다.
그런데 아예 전혀 새로운 시장을 개척하는 방법도 있다.

경미 씨는 요즘 자주 듣는 '**블루오션**'이라는 단어가 무슨 뜻인지 삼촌에게 물었다. 삼촌은 "경쟁이 치열한 피투성이 바다가 아니라 새파란 바다, 즉 경쟁자가 전혀 없는 사업 분야를 말해."라고 대답했다. "그런데 그런 분야가 있어요?"라고 경미 씨가 묻자 "그런 곳을 찾고 싶다면 기존 비즈니스에 네 가지 행동을 추가해 생각해 보면 돼."라고 삼촌이 말했다.

블루오션 개척을 위한 네 가지 행동

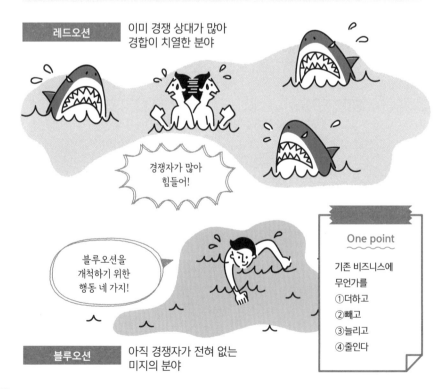

레드오션
이미 경쟁 상대가 많아
경합이 치열한 분야

경쟁자가 많아
힘들어!

블루오션을
개척하기 위한
행동 네 가지!

One point

기존 비즈니스에
무언가를
①더하고
②빼고
③늘리고
④줄인다

블루오션
아직 경쟁자가 전혀 없는
미지의 분야

QB하우스 사례

○○ 이발소

QB HOUSE

만 원

오늘은 쉬는 날.
이발소에서 기분전환
좀 하고 올까?

10분이면 커트 끝!
게다가
싸기 까지!

One point

QB하우스는 커트 소요 시간이
약 10분으로 매우 짧기 때문에
고객 회전이 빠르다. 단순 계산
으로 커트 손님이 1시간에 5명이
라고 치면 일반 이발소보다 수익
이 훨씬 많다.

기존 이발소		QB하우스
시간: 1시간 금액: 4만 원	시간과 돈의 가치를 늘린다	시간: 10분 금액: 1만 원
샴푸 서비스: 있음 수염 정리: 있음	뺀다	샴푸 서비스: 없음 수염 정리: 없음

블루오션의 성공 사례로 만 원 커트로 유명한 일본의 QB하우스를 들 수 있다.
이발은 휴일에 천천히 공들여 한다는 기존 이발소 이미지와 달리 QB하우스는
'평일 빈 시간을 이용해 싸고 빨리 커트하기 원하는' 바쁜 회사원의 새로운 니즈
를 발굴했다. 네 가지 행동 중 '늘린다'와 '뺀다'를 사용해 새로운 시장을 개척한
것이다.

다양한 프레임워크를
활용한다

앞에서 3C 분석(42쪽), PEST 분석(44쪽), SWOT 분석(46쪽) 등 여러 분석 방법이 나왔는데, 모두 정보 정리를 위한 사고 틀로 프레임워크라고 한다. 3C 분석이나 SWOT 분석은 기업 상태 분석, PEST 분석은 업계를 둘러싼 외부 환경 분석이 목적이다. 이처럼 목적이 달라지면 정리하는 관점도 달라진다.

그러나 실제로 어떤 상황에서 어떤 프레임워크를 사용하면 좋을지 고민일 때가 많다. 이럴 때는 여러 프레임워크를 조합해 보자.

이를테면 자사가 시장지위별 전략(74쪽)의 틈새 시장 위치라면 소규모 시장에서 집중 전략(70쪽)을 펴는 방법을 모색해 보면 좋다.

chapter 4

경영전략이란②

경영전략의 기본 사고법을 배운 경미 씨는
계속해서 영태 씨의 강의를 듣기로 했다.
이번에는 경쟁에서 이기는 법에 대해
가르쳐 준다고 한다.

경영전략②

01

사업 분야, 어떻게 정해야 할까?

자신의 기업은 물론이고 '업계'에 대해서도 알아야 한다.
자사가 속한 업계는 수익성이 좋은 편인가?

영태 씨가 조언했다. "창업에 앞서 들어가 싸울 업계에 대해서도 조사해 봐야 해. 이익을 내는 업계가 있고 그렇지 않은 업계가 있으니까." 업계분석을 위해 산업 내 경쟁기업과의 경쟁 강도(경합), 고객과의 관계(구매자 교섭력), 생산자와의 관계(공급자 교섭력), 대체품이 있는가(대체재의 위협), 새로운 기업이 진입하기 쉬운가(신규진입자의 위협)라는 다섯 가지 항목을 살피는데 이를 파이브 포스(Five Force) 분석이라고 한다.

파이브 포스 분석이란?

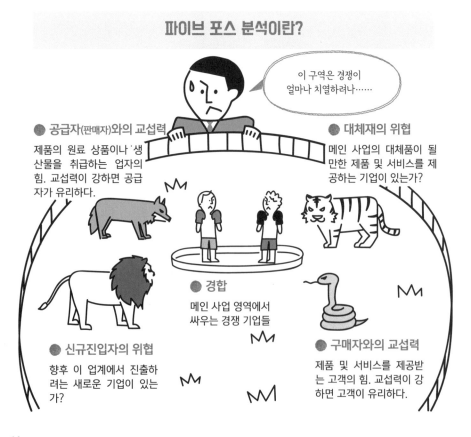

이 구역은 경쟁이 얼마나 치열하려나……

● 공급자(판매자)와의 교섭력
제품의 원료 상품이나 생산물을 취급하는 업자의 힘. 교섭력이 강하면 공급자가 유리하다.

● 대체재의 위협
메인 사업의 대체품이 될 만한 제품 및 서비스를 제공하는 기업이 있는가?

● 경합
메인 사업 영역에서 싸우는 경쟁 기업들

● 신규진입자의 위협
향후 이 업계에서 진출하려는 새로운 기업이 있는가?

● 구매자와의 교섭력
제품 및 서비스를 제공받는 고객의 힘. 교섭력이 강하면 고객이 유리하다.

햄버거 업계를 예로 들어 생각해 보자. 가장 먼저는 시장에 3대 체인점이라 불리는 강한 라이벌이 버티고 있다. 또 가격대가 비슷한 분식 가게도 오래된 경쟁 상대다. 게다가 요즘은 치킨집에서도 메뉴에 햄버거를 추가해 업계에 진입한 실정이다. 이렇게 선택지가 많으니 고객은 그저 고르기만 하면 된다. 햄버거 재료의 조달은 간단하지만 업계로 뛰어들기란 만만치 않다.

햄버거 업계 사례

경쟁 기업뿐 아니라 업계를 둘러싼 환경도 척박해.

● 공급자
햄버거 재료는 조달이 쉬워서 고기나 채소 생산자보다 규동 가게가 힘이 세다.

쌀국수 가게

분식집

소고기 업자

맥도널드

롯데리아

양파 업자

치킨

라멘집

● 대체재
가격대가 비슷한 분식 가게 등과 고객 쟁탈전. 경쟁이 치열하다.

버거킹

고객

● 경합
맥도널드, 롯데리아, 버거킹을 비롯해 많은 기업·개인이 격전을 벌인다.

패밀리레스토랑

● 신규진입
차별화가 어려워 진입장벽이 낮다.

● 구매자
다른 선택지가 무수히 많아서 햄버거 가게 보다 고객의 힘이 세다.

65

경영전략②

02

경쟁에서 이기는 전략은?①

업계 다음은 경쟁 기업 이기기다.
경쟁사보다 우위에 서려면 어떻게 해야 할까?

"업계를 정했다면 다음은 경쟁사에 대해 알아야 해." 영태 씨가 말했다. 경쟁사를 앞지르는 주요 전략에는 세 가지가 있다. 첫 번째는 '원가우위 전략'(cost leadership strategy)이다. 원가우위 전략은 업계 평균보다 생산 및 제조비용을 낮춰 기업의 이익을 늘리고, 제품을 저렴한 가격에 대량으로 팔아 시장점유율을 늘리는 방법이다. 대량생산이 가능해야 하기 때문에 필연적으로 자금이 풍부한 대기업에게 유리하다.

의류기업의 원가우위 전략

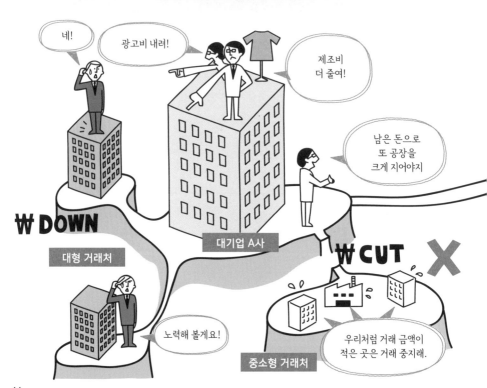

원가우위 전략은 광고나 제조에 드는 비용을 낮추는 데서 끝나지 않는다. 의류기업 A는 경쟁사 B보다 압도적으로 가격을 낮춰 B사를 의류사업 자체에서 내몰아버렸다. 경쟁사가 줄어든 A사가 이후 가격을 올리면 수익도 올라간다.

One point

대량생산할수록 제품 한 개 당 가격이 싸지는 이유는 생산량이 늘면 재료비 등도 함께 늘어나지만 인건비·임대료 등은 어느 선까지는 그대로기 때문이다. 이를 '규모의 경제'라고 한다(자세한 내용은 162쪽 참고).

경영전략②

03

경쟁에서 이기는 전략은?②

경쟁우위를 차지하는 또 한 가지 방법은
경쟁사와 자사 사이에 뚜렷한 차별을 둬 대항하는 것이다.

경미 씨는 "그런데 기업의 전략이 다 같은 건 아니지?"라고 물었다. 영태 씨는 대답했다. "그럼. 말하자면 대기업은 반에서 우등생 같은 존재야. 운동도 공부도 모두 잘하는 반장 같은? 하지만 모두가 우등생 곁에만 모이는 건 아니야. 우등생에게는 없는 매력, 예를 들면 유머라든가 개성이라든가, 색다른 매력을 가진 친구도 인기가 있잖아." 이처럼 남과는 다른 매력으로 시장을 공략하는 전략을 차별화 전략이라고 한다.

차별화 전략이란?

원가우위 전략

스포츠 만능에

학급 임원

공부 잘하고

재미있어

게임이랑
만화 박사야

차별화 전략

"유명한 예로 일본의 유명 햄버거 체인점인 모스버거를 꼽을 수 있어. 일본 햄버거 업계의 리더인 맥도널드와 비교하면 모스버거는 좀 특이해." 경미 씨는 "그렇긴 하지. 라이스버거도 그렇고."라고 답했다. 영태 씨는 설명을 이어갔다. "라이스버거 외에도 국내산 채소만 고집한다든지 전국 매장에서 아이디어를 모아 바로 상품화하는 시도도 그래." 모스버거는 이러한 시도를 통해 조금 비싸지만 건강하고 개성 있는 브랜드라는 이미지를 구축했다.

일본 모스버거의 차별화 전략

채소는 국내산

국산 채소를 사용해 건강하고 안전한 이미지를 어필

각 매장과의 강한 연계

매장 사원을 대상으로 상품 아이디어를 모집해 지역 한정 햄버거 출시

특이한 메뉴

라이스버거, 현미 후레이크 쉐이크 등을 한발 앞서 출시

모스버거의 햄버거는 특이해.

그래서 좀 비싸도 자꾸 가게 돼.

One point

모스버거처럼 브랜드 입지가 확고해지면 팬고객은 가격이 비싸도 구매한다. 그러나 모스버거도 최근 편의점이나 해외 경쟁사가 늘면서 고전 중이다.

경영전략②

04

경쟁에서 이기는 전략은?③

앞서 살펴본 두 전략은 다수를 상대로 하는 전략이다.
반대로 타깃을 좁히는 전략도 있다.

경미 씨는 물었다. "앞에서 소개한 두 전략 말고 다른 방법은 없어?" 영태 씨는
"있지! 바로 제3의 선택, 집중 전략이야."라고 말했다. 앞서 살펴본 두 가지 전략은
시장 전체를 대상으로 하는 데 반해 집중 전략은 고객 범위를 좁히거나 지역을
한정해 비용 절감 또는 차별화 전략을 구사한다. 집중 전략으로 유명한 기업이
일본의 의류회사 패션센터 시마무라다. 시마무라는 타깃 범위를 20~50대 주부
로 좁히고 가격을 낮춰 싸게 판매한다.(한국에서 유사한 전략을 사용하는 브랜드로 뱅뱅이 있다.)

집중 전략이란?

비용 삭감!

One point

시마무라는 발주한 상품을 매
입한 뒤 재고가 생겨도 반품하
지 않는 완전 납입 방식으로 상
품을 저렴한 가격에 공급하는 데
성공했다. 또 한 매장에서 팔고
남은 상품을 다른 매장으로 옮
겨 다시 파는 등 재고 완전 소진
시스템도 고안했다.

시마무라
정말 싸다!

20~50대 주부

경미 씨는 다시 물었다. "원가우위 전략과 차별화 전략은 어느 한 쪽만 해야 돼?" 영태 씨는 고개를 끄덕이며 말했다. "기본적으로는 그래. 한 번에 여러 전략을 구사하면 이도저도 아닌 게 돼버리거든." 비용을 억제하는 원가우위 전략과 비용이 드는 차별화 전략은 얼핏 상반돼 보인다. 그러나 도요타처럼 양쪽 모두를 실현한 기업도 있어서 최근에는 양립 가능하다는 의견도 힘을 얻고 있다.

원가우위 전략과 차별화를 동시에?

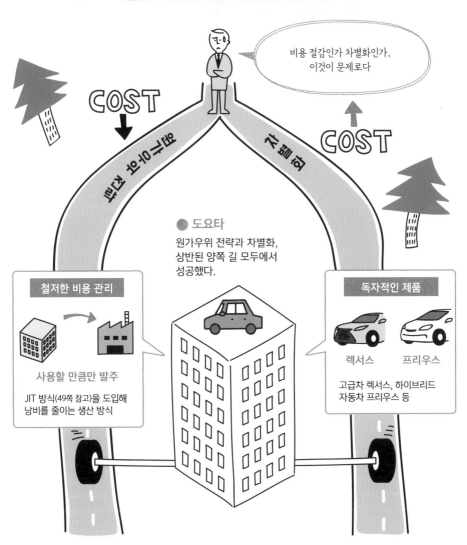

비용 절감인가 차별화인가, 이것이 문제로다

COST

원가우위 전략

차별화

COST

● 도요타
원가우위 전략과 차별화, 상반된 양쪽 길 모두에서 성공했다.

철저한 비용 관리

사용할 만큼만 발주

JIT 방식(49쪽 참고)을 도입해 낭비를 줄이는 생산 방식

독자적인 제품

렉서스   프리우스

고급차 렉서스, 하이브리드 자동차 프리우스 등

경영전략②

05

타사와의 차이 들여다보기①

기본 전략을 정했다면 다음은 자사 각 부서를 좀 더 자세히 살펴보자.

영태 씨는 "자사의 강점을 더 확실히 알리려면 회사의 각 활동을 자세히 살펴봐야 해."라고 말했다. 먼저 제조·마케팅 등 사업의 중심이 되는 주요 활동은 릴레이 경주처럼 각 부서가 서로 유기적으로 연결되며 흘러간다. 한편 주요 활동을 뒷 받침하는 인사나 연구개발 등의 지원 활동은 혼자 완주하는 개인 경주 성격이 짙다. 이처럼 기업 활동별로 분류해 살펴보는 방법을 '가치 사슬 분석(Value Chain Analysis)'이라고 한다.

가치 사슬 분석이란?

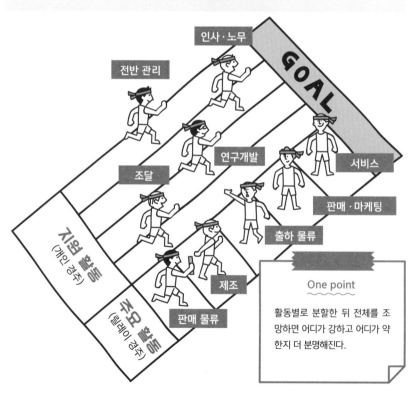

인사·노무

전반 관리

GOAL

연구개발

서비스

조달

판매·마케팅

출하 물류

지원 활동
(개인 경주)

제조

주요 활동
(릴레이 경주)

판매 물류

One point

활동별로 분할한 뒤 전체를 조 망하면 어디가 강하고 어디가 약 한지 더 분명해진다.

개인 경주와 릴레이 경주, 전원의 합계 기록을 단축하려면 누가 빠르고 누가 느린지, 누가 더 빨리 달릴 수 있는지를 검토해 봐야 한다. 기업에 적용해 보면 경주 기록은 이익이다. 즉 기업 전체의 이익을 극대화하려면 어느 활동이 더 유망한지 따져봐야 한다. 또 자사뿐 아니라 경쟁사를 상대로도 같은 분석을 실시해 강점과 약점을 조사한다.

자사와 타사의 차이를 확인

경영전략②

06

타사와의 차이 들여다보기②

업계에서 자사의 위치가 어디인지 아는 일도 중요하다.

영태 씨는 "자사가 업계에서 차지하는 위치도 중요해. 코틀러라는 경영학자는 기업을 네 종류로 나눠 기업의 시장 내 위치에 따라 구사해야 할 전략이 다르다고 말했어. 이것을 시장지위별 전략이라고 해."라고 말했다. 코틀러의 네 가지 분류는 시장점유율 1위인 '선도 기업', 1위를 노리는 2위 기업인 '도전 기업', 3위 이하이며 1위를 노리지 않는 '추종 기업', 특정 시장에서 지위를 구축한 '틈새 기업'이다.

코틀러의 네 가지 기업 분류

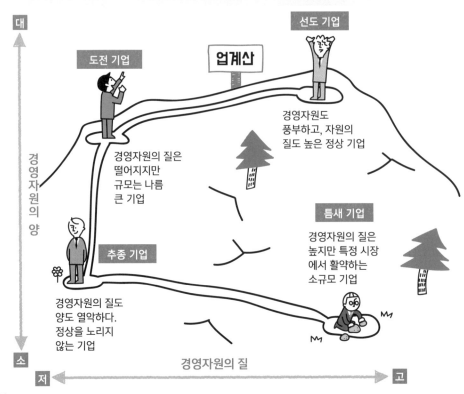

대

경영자원의 양

소

도전 기업

업계산

선도 기업

경영자원도 풍부하고, 자원의 질도 높은 정상 기업

경영자원의 질은 떨어지지만 규모는 나름 큰 기업

틈새 기업

경영자원의 질은 높지만 특정 시장에서 활약하는 소규모 기업

추종 기업

경영자원의 질도 양도 열악하다. 정상을 노리지 않는 기업

경영자원의 질

저

고

코틀러에 의하면 선도 기업은 시장점유율 유지 및 확대 전략을 펴야 한다. 타사의 뛰어난 제품을 재빨리 모방하고 대대적으로 전개해 타사의 성장을 막는다(플러그인). 도전 기업은 선도 기업이 진출하지 않은 시장을 개척하는 차별화 전략으로 맞서는 것이 좋다. 추종 기업은 철저한 비용 삭감 방침 아래 상위 기업을 모방하는 방법을, 틈새 기업은 대기업이 진출하지 않은 시장에서 기반을 다지는 방법이 효과적이다.

각 기업의 구사 전략

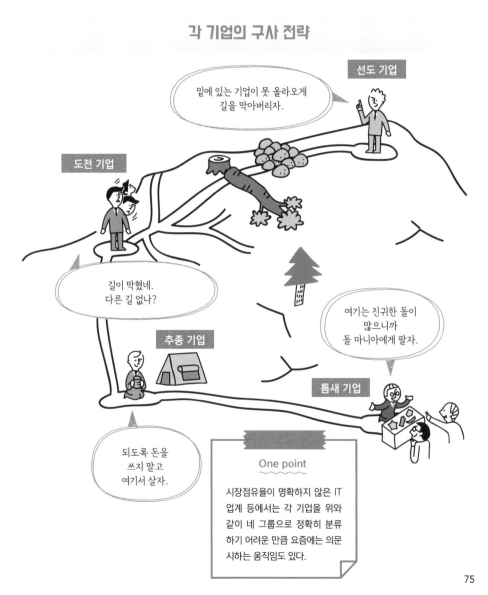

경영전략②

07

사업 경제성,
어떻게 알 수 있을까?

경영전략 수립 시에는 사업 수익성을 검토해 봐야 한다.

경미 씨는 "요즘 식당이 잘 안된다고 하던데 패밀리 레스토랑은 잘 되잖아. 왜 그럴까?"라고 물었다. 영태 씨는 "수익성이 좋은 사업과 그렇지 않은 사업이 있거든."이라고 답했다. "수익성의 좋고 나쁨은 '경쟁 요인이 많은지'와 '경쟁에서 이길 수 있는지'라는 두 개 축을 기준으로 생각해. 이 축을 기준으로 업계를 네 영역으로 나눠 분석하는데, 이를 어드밴티지 매트릭스(Advantage Matrix)라고 해."라고 말했다.

어드밴티지 매트릭스란?

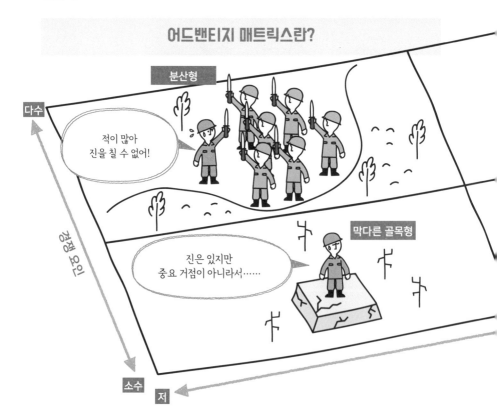

각 영역별 구체적인 사업을 살펴보자. 우선 수익성이 높고 차별화가 가능한 특화형 사업으로 의약품이나 계측기기 등을 들 수 있다. 규모형은 수익성은 낮지만 사업 규모로 차별화가 가능한 영역인데 자동차나 제철 등이 해당된다. 수익성은 높지만 차별화가 어려운 분산형에는 요식업이나 의류업 등이 있다. 마지막은 막다른 골목형인데 수익성도 낮고 차별화도 어려운 영역이다. 시멘트나 석유화학 등이 여기에 속한다. 따라서 분산형과 막다른 골목형은 수익성이 낮은 사업으로 분류된다.

경쟁에서 이길 가능성

특화형

이쪽에도 길이 있어!

분산형과 막다른 골목형은 수익을 내기가 어려워.

규모형

어쨌든 진이 크면 적도 접근 못 해.

고

One point

이를테면 개인 레스토랑은 분산형이지만 프랜차이즈나 다점포 운영은 규모형이다.

경영전략②

08

실제 시뮬레이션 해 보자!

실제 사업을 할 때 어떤 문제가 예상되고
어떻게 대처할지 시뮬레이션 해 보는 작업도 중요하다.

영태 씨는 "자, 사업에 앞서 여러 경영전략을 살펴봤으니 이번에는 실제 일어날
지 모르는 여러 가능성에 대해 좀 더 구체적으로 생각해 볼까?"라고 말했다. 우
선 실전에서 발생할 수 있는 여러 문제를 되도록 많이 생각한다. 그 가운데 자사
사업에 가장 영향이 클 듯한 요소 두 가지를 고른다. 가령 자동차 업계라면 '원화
강세'와 '인구 증감'을 꼽을 수 있다.

시나리오 플래닝™이란?

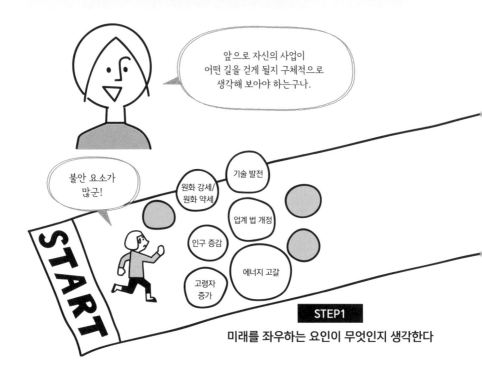

앞으로 자신의 사업이
어떤 길을 걷게 될지 구체적으로
생각해 보아야 하는구나.

불안 요소가
많군!

기술 발전

원화 강세/
원화 약세

업계 법 개정

인구 증감

에너지 고갈

고령자
증가

START

STEP1

미래를 좌우하는 요인이 무엇인지 생각한다

*시나리오 플래닝™은 주식회사 그린필드 컨설팅의등록상표입니다.

다음으로 두 요소, 즉 '원화 강세·원화 약세*'와 '인구 증감'를 교차시켜 각각의 시나리오를 그려본다. 이를테면 '원화 강세×인구 감소'에서는 수출의 수익성 악화와 함께 인구 감소로 고객 수도 줄어드는 최악의 미래가 예상된다. 시나리오 설정이 끝나면 네 개 시나리오에 맞게 앞으로의 대응책을 마련한다. 이 모든 과정을 **시나리오 플래닝**™(Scenario Planning)이라고 한다.

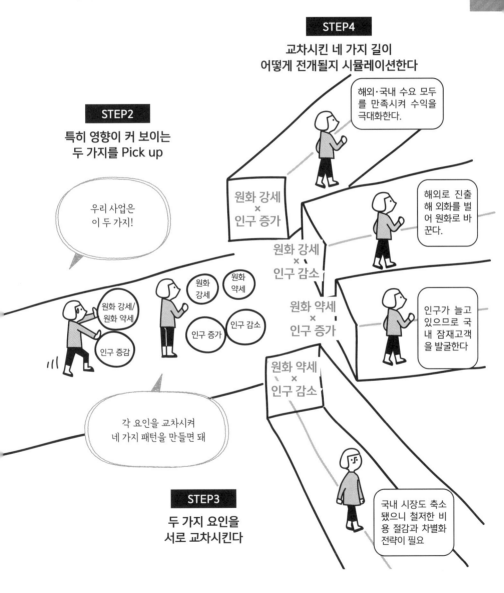

STEP4

**교차시킨 네 가지 길이
어떻게 전개될지 시뮬레이션한다**

해외·국내 수요 모두를 만족시켜 수익을 극대화한다.

STEP2

**특히 영향이 커 보이는
두 가지를 Pick up**

우리 사업은
이 두 가지!

원화 강세
×
인구 증가

해외로 진출해 외화를 벌어 원화로 바꾼다.

원화 강세
×
인구 감소

원화 강세/
원화 약세

인구 증감

원화
강세

원화
약세

인구 증가   인구 감소

원화 약세
×
인구 증가

인구가 늘고 있으므로 국내 잠재고객을 발굴한다

각 요인을 교차시켜
네 가지 패턴을 만들면 돼

원화 약세
×
인구 감소

STEP3

**두 가지 요인을
서로 교차시킨다**

국내 시장도 축소됐으니 철저한 비용 절감과 차별화 전략이 필요

경영전략②

09

전략이 잘 실행되는지
확인하는 방법은?

전략을 실행 중이라면 잘 수행되고 있는지 확인·개선하는 작업도 필요하다.

영태 씨의 설명은 계속됐다. "전략을 세웠어도 그 전략이 잘 수행되지 않으면 의미가 없어. PDCA라고 들어 본 적 있어? 전략도 지속적인 개선이 필요해." PDCA는 Plan(플랜), Do(실행), Check(평가), Act(개선)의 앞 글자를 딴 단어로 전략이 성공하고 있는지 알아보는 사이클이다. 경영전략뿐 아니라 개인 업무에도 적용할 수 있다.

예산관리 PDCA 사례

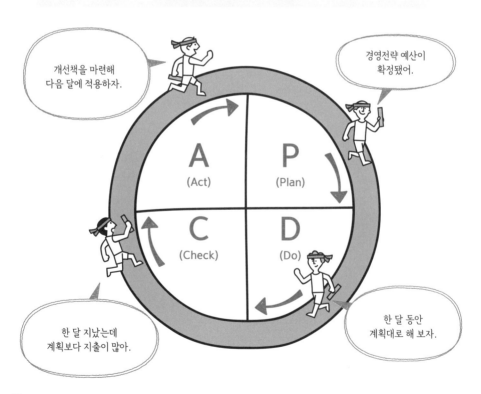

개선책을 마련해 다음 달에 적용하자.

경영전략 예산이 확정됐어.

한 달 지났는데 계획보다 지출이 많아.

한 달 동안 계획대로 해 보자.

BSC 사고법

영태 씨는 "실행과 평가를 위한 다른 방법도 있어. 바로 BSC(Balanced Score Card)야."
라고 말했다. BSC란 경영전략을 재무, 학습·성장, 업무 프로세스, 고객이라는 네
가지 관점에서 체크하는 방법으로, 수익에만 집착하지 않는 도전적 기업 분위기
와 사원 참가형 경영을 실현할 수 있다.

경영전략②

10

라쿠텐과 구글의 경영전략은?

세계 시가총액 TOP5 기업 모두가 채용 중인 경영전략은 무엇일까?

경미 씨가 물었다. "경영전략 이론을 이것저것 살펴봤으니 실제 기업 사례도 가르쳐 줘." 영태 씨는 고개를 끄덕였다. "알았어. 일본 최대의 온라인 쇼핑몰 라쿠텐으로 대표되는 플랫폼 전략® 이야기를 해 볼게." 플랫폼 전략®이란 여러 회사와 소비자를 매개하는 '장(場)'을 만드는 경영전략이다. 라쿠텐이 만든 라쿠텐이치바(楽天市場)라는 장은 고객과 가게를 연결해 크게 성장했다.

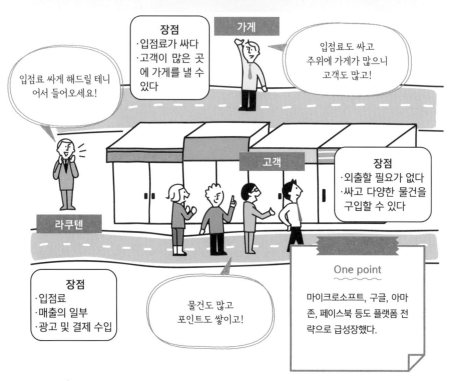

라쿠텐이치바의 시스템

가게

장점
· 입점료가 싸다
· 고객이 많은 곳에 가게를 낼 수 있다

입점료도 싸고 주위에 가게가 많으니 고객도 많고!

입점료 싸게 해드릴 테니 어서 들어오세요!

고객

장점
· 외출할 필요가 없다
· 싸고 다양한 물건을 구입할 수 있다

라쿠텐

장점
· 입점료
· 매출의 일부
· 광고 및 결제 수입

물건도 많고 포인트도 쌓이고!

One point

마이크로소프트, 구글, 아마존, 페이스북 등도 플랫폼 전략으로 급성장했다.

※플랫폼 전략®은 (주)네트 스트래터지의 등록상표이다.

이에모토 제도란?

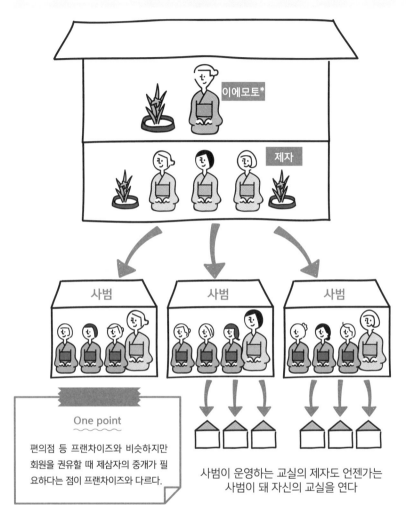

이에모토*

제자

사범

사범

사범

사범이 운영하는 교실의 제자도 언젠가는
사범이 돼 자신의 교실을 연다

일본에는 예부터 내려오는 이에모토(家元)라는 제도가 있는데 지금의 플랫폼 전략과 시스템이 흡사하다. 다도나 화도 등의 전통 문화를 계승하는 집안 또는 개인을 가리키는 이에모토는 제자들에게 작법이나 기술을 배우는 장을 제공한다. 배움터에서 수행을 마치면 사범 면허를 취득할 수 있는데, 면허를 딴 제자가 자신의 친구·지인을 권유해 새로운 배움터를 연다. 장에 관계된 사람이 자동으로 늘어날 수밖에 없는 구조다. 새로운 제자가 들어올 때마다 교재비나 사범 인정료 등이 이에모토 수중에 들어오기 때문에 이 또한 플랫폼이라고 말할 수 있다.

경영전략②

11

일본에서 처음 시작된 경영전략은?

중소기업이 대기업을 이기는 약자 전략에 대해 알아보자.

영태 씨가 말했다. "마지막으로 일본에서 시작된 전략을 소개할게. 영국 출신의 란체스터라는 엔지니어가 제창한 군사법칙을 일본의 경영 컨설턴트인 다오카 노부오(田岡信夫)가 경영에 응용한 전략이야." 란체스터가 고안한 군사법칙은 '1 대1의 법칙'과 '집중효과 법칙'이라는 두 가지 법칙을 기본으로 제2차 세계대전에서 큰 효과를 거뒀다.

란체스터 군사법칙

제1 법칙 **1대1 법칙**
병력이 2배면 전력 차이는 2배

VS

10명

5명

적이 많으면 당해낼 수 없어.

제2 법칙 **집중효과 법칙**
병력이 2배면 전력 차이는 4배

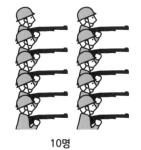

10명

10발

5발

5명

두 법칙이 의미하는 바는, 병력이 적은 쪽은 '1대1 법칙' 상황을 유도해야 하며, 병력이 많은 쪽은 '집중효과 법칙' 상황을 조성해야 한다는 것이다.

*란체스터전략®은 주식회사 란체스터 시스템즈의 등록상표이다.

1대1 법칙의 예

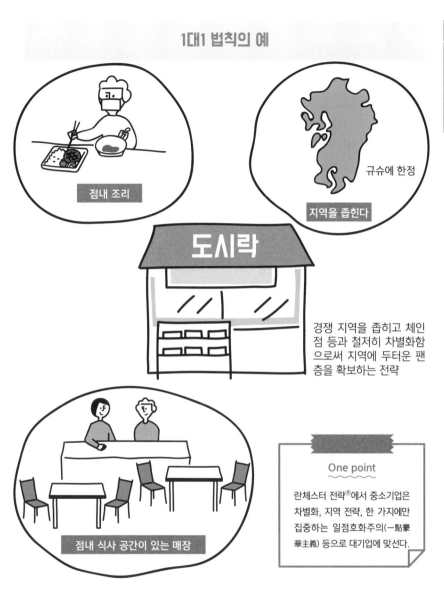

점내 조리

규슈에 한정

지역을 좁힌다

도시락

경쟁 지역을 좁히고 체인점 등과 철저히 차별화함으로써 지역에 두터운 팬층을 확보하는 전략

점내 식사 공간이 있는 매장

One point

란체스터 전략®에서 중소기업은 차별화, 지역 전략, 한 가지에만 집중하는 일점호화주의(一點豪華主義) 등으로 대기업에 맞선다.

영태 씨는 설명을 계속했다. "두 가지 법칙을 경영전략에 적용한 게 란체스터 전략®이야." 즉, 기업력이 약한 소규모 회사가 경쟁에서 이기는 최선의 방법은 분야를 좁히고 경영자원을 집중시켜 '1대1 법칙' 상황으로 유도하는 것이다. 한정된 범위 안에서라면 대기업과 맞서도 이길 승산이 있다. 반대로 대기업은 '집중효과 법칙'을 써야 한다. 즉 경영자원을 광범위하게 대량 투하해 중소기업을 압도하는 전략이 유리하다.

기존 컨설팅 업계를
변화시킨 맥킨지

맥킨지라는 회사 이름을 들어본 적 있는가? 맥킨지는 세계 굴지의 기업들을 고객사로 둔 경영 컨설팅회사다.

MBA는 19세기에 시작됐는데 MBA를 졸업한 우수 인재를 대량 고용해 단숨에 회사를 키운 기업군을 경영 컨설팅펌이라고 부른다. 맥킨지도 그 중 하나로, 베테랑 경영자의 경험을 토대로 기업의 조언자 역할을 하던 기존 컨설팅 방식에서 벗어나, 젊고 우수한 MBA 취득자에 의한 데이터 중심의 분석 경영이라는 새로운 바람을 업계에 불어넣었다.

고객의 이익을 최우선으로 여기는 '고객제일주의' 역시 맥킨지가 지금껏 업계 정상 자리를 지키고 있는 비결이다.

chapter 5

마케팅이란

경미 씨는 이번에는
가게를 운영하는 삼촌에게 놀러갔다.
삼촌이 가게 경영에 꼭 필요한 마케팅에 대해
가르쳐 준다고 한다.

마케팅

01

마케팅이란?

제품이나 서비스를 팔려면 고객이 무엇을 원하는지 알아야 한다.
고객의 필요와 욕구는 어떻게 알 수 있을까?

경미 씨는 마케팅을 배우기로 마음먹고 가게를 운영하는 삼촌을 찾아갔다. 삼촌
은 "특별한 홍보 없이도 기업이 만든 상품이나 서비스를 고객이 알아서 척척 사
준다면 정말 이상적이겠지? 원하는 물건이면 소비자는 굳이 강요하지 않아도 지
갑을 열기 마련이야. 소비자의 니즈를 파악해 고객을 창출하는 활동을 어려운 말
로 고객 창조라고 한단다."라고 말했다.

고객 창조란?

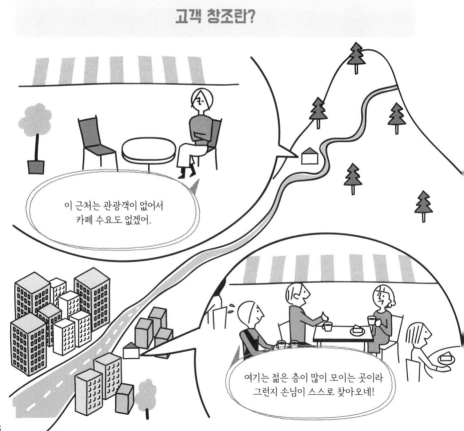

이 근처는 관광객이 없어서
카페 수요도 없겠어.

여기는 젊은 층이 많이 모이는 곳이라
그런지 손님이 스스로 찾아오네!

"고객 창조에 중요한 두 가지가 있는데, 하나는 **마케팅**(Marketing)이고 또 하나는 **혁신**(Innovation)이야." 마케팅은 누가 무엇을 원하는지 면밀히 조사해 욕구에 맞는 제품이나 서비스를 만들고, 판촉활동을 하지 않아도 고객이 저절로 구매하게끔 만드는 활동이다. 한편 혁신은 지금껏 없었던 고객 욕구를 창출해 시장과 사회에 변화를 일으키는 활동이다.

마케팅과 혁신

마케팅

02

마케팅의 진화

마케팅의 대상인 고객.
시대에 따라 방법과 사고법도 변화를 거듭했다.

삼촌의 마케팅 설명은 계속됐다. "코틀러라는 경영학자에 의하면 마케팅은 네 단계 변화를 거쳤다고 해." 첫 시작인 **마케팅 1.0** 시대에는 만든 물건을 어떻게 팔 것인가라는 판매 촉진이 주된 관심사였다. 이 후 물건과 정보가 넘쳐나면서 어떻게 하면 소비자의 마음을 사로잡을 수 있을까에 주목하는 소비자 중심의 **마케팅 2.0** 시대로 넘어갔다.

마케팅의 네 단계 변화

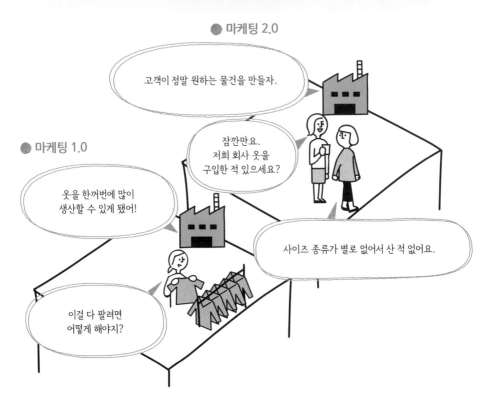

세상이 또 변하고 이번에는 제품의 기능을 넘어 사회적 기여 등 소비자의 정신적 만족을 추구하는 가치 중심의 **마케팅 3.0**이 등장했다. 2014년 코틀러는 이제 마케팅 4.0 시대가 열렸다고 주장했다. **마케팅 4.0** 시대의 기업은 고객의 자아실현을 지원하고 촉진하는 상품/서비스를 개발함으로써 고객에게 놀라운 체험과 감동의 기회를 제공하고자 애쓴다.

마케팅

03

사회공헌 마케팅이란?

마케팅과 사회는 관계가 밀접한데
요즘 사회공헌과 결합한 마케팅이 주목받고 있다.

삼촌은 경미 씨에게 "대학에서 기업과 사회의 관계에 대해 배웠어?"라고 물었다. 경미 씨는 "음……, CSR이랑 CSV(38~39쪽)요? 수업 시간에 들었어요."라고 말했다. 삼촌은 "잘 알고 있구나. CSV 사고법을 접목한 마케팅을 코즈 마케팅(Cause Marketing)*이라고 해."라고 설명해 주었다.

*코즈 연계 마케팅(Cause –related Marketing)이라고도 하나 '코즈 마케팅'이라는 용어가 더 대중적이다.)

아메리칸 익스프레스®의 CRM

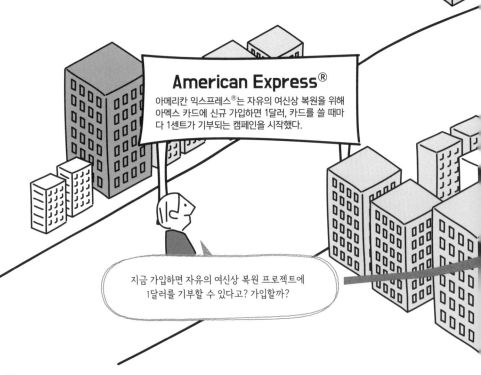

American Express®

아메리칸 익스프레스®는 자유의 여신상 복원을 위해 아멕스 카드에 신규 가입하면 1달러, 카드를 쓸 때마다 1센트가 기부되는 캠페인을 시작했다.

지금 가입하면 자유의 여신상 복원 프로젝트에 1달러를 기부할 수 있다고? 가입할까?

코즈 마케팅이란 제품 및 서비스 수익 일부를 자선단체에 기부하는 마케팅 기법으로 사회적 책임과 매출 증대를 동시에 달성하는 마케팅이다. 고객은 간단한 기부를 통해 사회에 공헌할 수 있고, 기업은 매출과 고객이 늘어나며, 자선단체 등은 기부를 받을 수 있다. 고객·기업·사회 모두가 만족하는 마케팅인 셈이다.

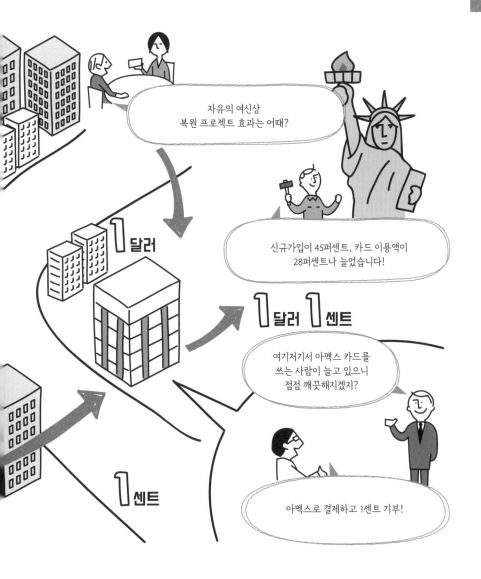

마케팅

04

마케팅 전개 과정은?①

서서히 마케팅의 전체상이 보이기 시작한 경미 씨.
그러나 뭐부터 시작해야 좋을지 여전히 감이 잡히지 않는다.

경미 씨가 물었다. "그런데 실제로 마케팅은 뭐부터 시작하면 돼요?" 삼촌은 말했다. "우선 누구에게 무엇을 어디에서 얼마에 어떻게 팔지 정해야 해. 이걸 마케팅 전략이라고 하지. 전체 흐름을 살펴볼까?" 마케팅 전략은 리서치, 타깃 선정, 마케팅 믹스, 목표 설정과 실시, 모니터링 관리의 다섯 단계를 거친다.

마케팅 전략의 전체 흐름

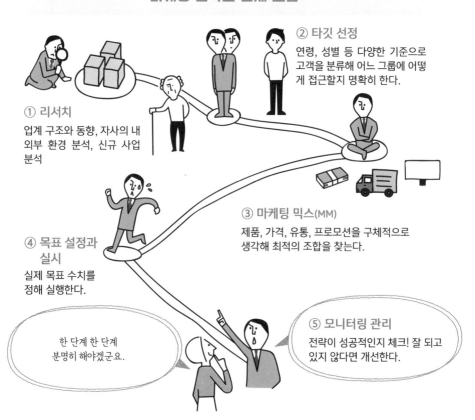

② 타깃 선정
연령, 성별 등 다양한 기준으로 고객을 분류해 어느 그룹에 어떻게 접근할지 명확히 한다.

① 리서치
업계 구조와 동향, 자사의 내외부 환경 분석, 신규 사업 분석

③ 마케팅 믹스(MM)
제품, 가격, 유통, 프로모션을 구체적으로 생각해 최적의 조합을 찾는다.

④ 목표 설정과 실시
실제 목표 수치를 정해 실행한다.

한 단계 한 단계 분명히 해야겠군요.

⑤ 모니터링 관리
전략이 성공적인지 체크! 잘 되고 있지 않다면 개선한다.

"가장 먼저 리서치를 해야 해. 경영전략에서 여러 분석 방법을 살펴봤잖아. 그 도구들을 사용해 자사를 둘러싼 환경과 현 위치를 분명히 파악하는 거야." 구체적으로는 PEST 분석(44쪽)으로 큰 흐름을 파악하고, PPM(56쪽)과 파이브 포스 분석(64쪽)으로 업계 구조를 확인한다. 그리고 3C 분석(42쪽), SWOT 분석(46쪽), 가치사슬 분석(72쪽)으로 경쟁사와 자사의 차이를 분명히 한다.

기업의 주변 환경을 분석하는 다양한 방법

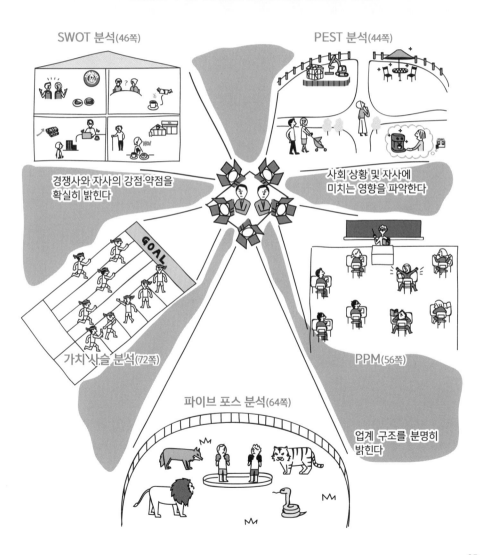

SWOT 분석(46쪽)

경쟁사와 자사의 강점·약점을 확실히 밝힌다

PEST 분석(44쪽)

사회 상황 및 자사에 미치는 영향을 파악한다

가치사슬 분석(72쪽)

PPM(56쪽)

파이브 포스 분석(64쪽)

업계 구조를 분명히 밝힌다

마케팅

05

마케팅 전개 과정은?②

리서치 다음은 제품을 판매할 타깃 선정이다.
타깃은 어떻게 정해야 할까?

경미 씨는 "다음은 타깃 선정이죠? 어떻게 하는 거예요?"라고 물었다. 삼촌은 "타깃 선정은 STP(Segmentation, Targeting, Positioning)라고 하는 세 단계로 이루어져. 먼저 세분화인데, 고객을 일정 기준에 맞춰 잘게 쪼개는 거야. 세분화가 끝나면 이번에는 잘게 나눈 그룹 중 어느 집단을 공략할 것인지 정하는 타깃 선정을 해. 마지막이 포지셔닝인데, 대상 타깃에 자사 제품을 명확히 각인시키는 거야."라고 답했다.

한 의류 브랜드의 STP 사례

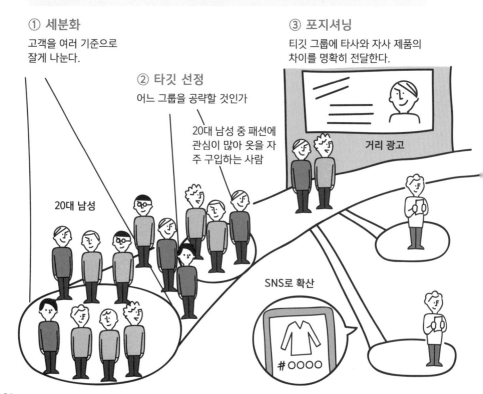

① 세분화
고객을 여러 기준으로
잘게 나눈다.

② 타깃 선정
어느 그룹을 공략할 것인가

20대 남성 중 패션에
관심이 많아 옷을 자
주 구입하는 사람

20대 남성

③ 포지셔닝
타깃 그룹에 타사와 자사 제품의
차이를 명확히 전달한다.

거리 광고

SNS로 확산

#○○○○

포지셔닝 시 타깃 고객에게 경쟁사와의 차이를 더 뚜렷이 각인시키기 위해 포지션 맵을 만든다. 업계를 두 개 축으로 나누는데 축은 제품에 따라 다르다. 의류브랜드 ZARA를 예로 들면, 기능성/패션성과 고가/저가라는 두 가지 축으로 업계를 나눠 지도를 작성한 뒤 지도에 자사의 위치를 표시한다.

ZARA의 포지션 맵

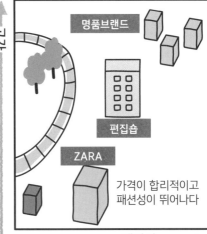
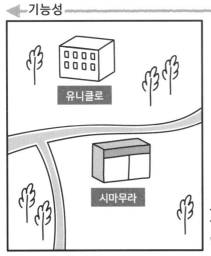
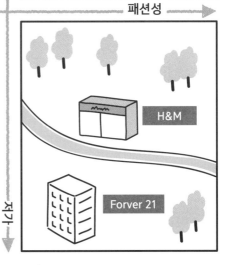

마케팅

06

마케팅 전개 과정은? ③

타깃이 명확해졌다면 타깃의 마음을 움직일 네 가지 구체적 요소를 생각한다.

삼촌은 "타깃도 정했으니 더 자세히 생각해볼까? 4P라고 들어 봤어?"라고 물었는데 경미 씨는 바로 대답하지 못했다. 삼촌은 "4P란 네 가지 마케팅 요소 즉, Product(제품), Price(가격), Place(유통), Promotion(프로모션)을 말해. 그리고 목표 타깃에 가장 효과적인 최적의 4P 조합을 찾아내는 활동을 MM(마케팅 믹스)이라고 하지."라고 가르쳐 주셨다.

의류업계의 4P 사례

어떻게 해야 네 톱니바퀴가 잘 맞물릴까?

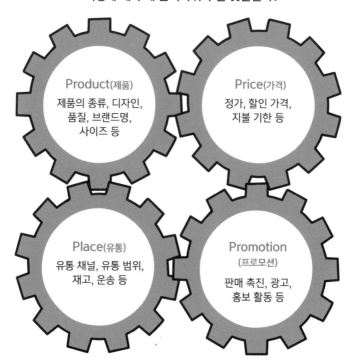

Product(제품)
제품의 종류, 디자인, 품질, 브랜드명, 사이즈 등

Price(가격)
정가, 할인 가격, 지불 기한 등

Place(유통)
유통 채널, 유통 범위, 재고, 운송 등

Promotion (프로모션)
판매 촉진, 광고, 홍보 활동 등

유의해야 할 점은, 4P 전에 반드시 STP가 선행되어야 한다는 것이다. 타깃이나 포지셔닝이 변하면 어프로치도 변하기 때문이다. 이를테면 임신 테스트기 구매 고객은 임신을 '원하는 사람'과 '원하지 않는 사람'으로 나눌 수 있다. 전자에게는 밝은 이미지의 포장이 어울릴 테고 후자에게는 눈에 잘 띄지 않는 포장이 어울릴 테다. 이처럼 STP에 따라 4P 내용이 완전히 달라진다.

타깃이 변하면 4P도 변한다

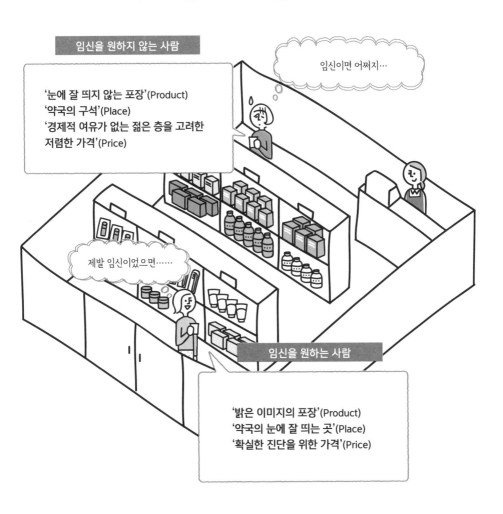

임신을 원하지 않는 사람

임신이면 어쩌지…

'눈에 잘 띄지 않는 포장'(Product)
'약국의 구석'(Place)
'경제적 여유가 없는 젊은 층을 고려한 저렴한 가격'(Price)

제발 임신이었으면……

임신을 원하는 사람

'밝은 이미지의 포장'(Product)
'약국의 눈에 잘 띄는 곳'(Place)
'확실한 진단을 위한 가격'(Price)

마케팅

07

고객이 만족하는지
어떻게 알지?

고객이 제품에 만족하는지 어떻게 알 수 있을까?

경미 씨는 문득 궁금해져서 물었다. "고객이 제품에 만족하는지 어떻게 알아요?"
삼촌은 "좋은 질문이야. 고객이 제품에 만족하는 정도를 CS(Customer Satisfaction, 고객
만족도)라고 하는데, 고객이 얻는 것(편익)에서 잃는 것(비용)을 빼고 남은 가치가 CS
야."라고 답했다.

CS 향상을 위한 다섯 가지 개선책

CS=편익-비용

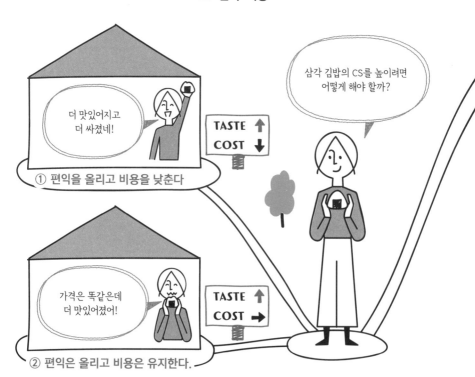

삼촌은 "만약 CS가 떨어지면 다섯 가지 개선책으로 가치를 끌어올릴 수 있어."라고 설명을 이어갔다. 이를테면 삼각 김밥을 생각해 보자. 최종적으로 고객이 만족하게끔 맛과 가격을 각각 조정한다. 이해를 돕기 위해 단순하게 편익=맛, 비용=가격이라고 표시했지만, 이 밖에도 다양한 요소로 바꿔 생각할 수 있다.

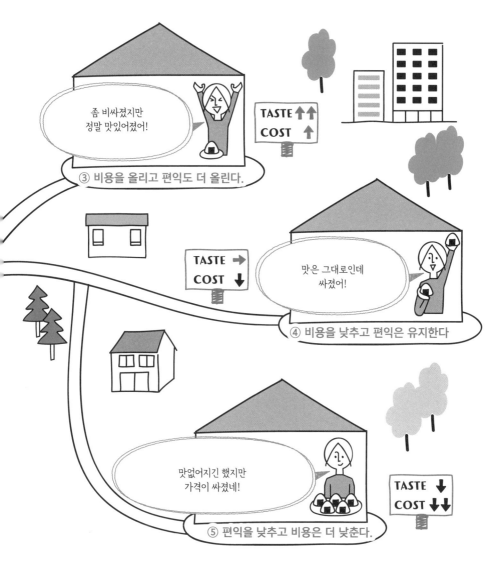

좀 비싸졌지만
정말 맛있어졌어!

TASTE ⬆⬆
COST ⬆

③ 비용을 올리고 편익도 더 올린다.

TASTE ➡
COST ⬇

맛은 그대로인데
싸졌어!

④ 비용을 낮추고 편익은 유지한다

맛없어지긴 했지만
가격이 싸졌네!

TASTE ⬇
COST ⬇⬇

⑤ 편익을 낮추고 비용은 더 낮춘다.

마케팅

08

BtoB·BtoC란?

비단 개인만 고객이 아니다.
기업도 고객이다.

경미 씨는 또 의문이 생겼다. "지금까지의 이야기에서 나온 고객이란 개인이라고만 생각했는데 회사가 고객인 경우도 있죠?" 삼촌은 "용케 알아챘구나! 개인을 상대로 제품을 판매하는 거래를 'BtoC(Business to Consumer), 기업 상대로 제품을 판매하는 거래를 BtoB(Business to Business)라고 해." 고객이 개인인지 기업인지는 차이가 매우 크다.

BtoB와 BtoC의 차이

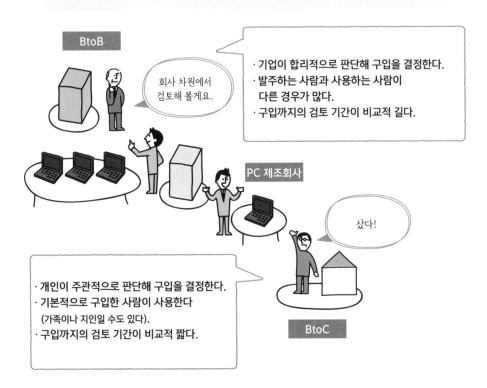

BtoB

회사 차원에서 검토해 볼게요.

· 기업이 합리적으로 판단해 구입을 결정한다.
· 발주하는 사람과 사용하는 사람이 다른 경우가 많다.
· 구입까지의 검토 기간이 비교적 길다.

PC 제조회사

샀다!

· 개인이 주관적으로 판단해 구입을 결정한다.
· 기본적으로 구입한 사람이 사용한다 (가족이나 지인일 수도 있다).
· 구입까지의 검토 기간이 비교적 짧다.

BtoC

BtoB 마케팅은 목표 타깃 선정 방법도 다르다. 개인을 상대할 때는 연령이나 성별 등으로 개인을 세분화하지만 상대가 기업인 경우 분류 기준이 업종이나 기업 규모 등으로 바뀐다. 그리고 사이트에 접속해 견적을 요구한 기업이 타깃이 된다. 또 개인 상대 마케팅에서는 그 사람에게 필요한지의 여부가 중요하지만 기업 상대는 그 기업에 필요한가가 중요하다.

BtoB 마케팅

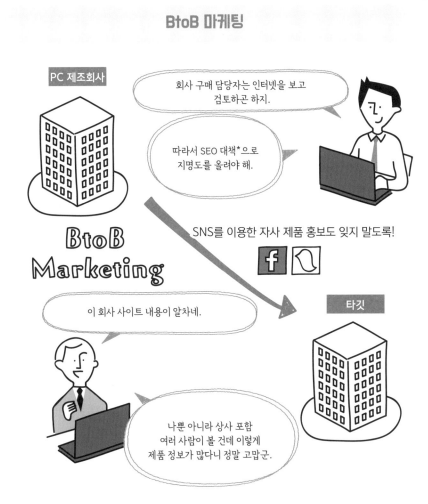

*SEO 대책……검색 언젠 최적화. 자사 제품 검색 시 되도록 검색 결과 위에 표시되도록 하는 것.

마케팅
09

제품에도 수명이 있다고?

한 제품이나 서비스가 꾸준히 잘 팔리는 일은 매우 드물다.
사람과 마찬가지로 제품에도 수명이 있다.

삼촌이 말했다. "제품이나 서비스가 계속 잘 팔리기란 어려워. 사람과 마찬가지로 제품에도 수명이 있단다. 제품이 세상에 나오면 네 시기를 거치는데 이를 제품수명주기(Product Life Cycle)라고 불러." 네 시기는 도입기, 성장기, 성숙기, 쇠퇴기로 각 시기마다 기업이 펼치는 마케팅 전략이 달라진다. 따라서 자사 제품이 지금 어느 시기에 해당하는지 잘 알아야 한다.

각 시기별 대응 마케팅 전략

각 시기별로 좀 더 자세히 살펴보자. 신제품이 세상에 막 나온 도입기를 지나 성장기가 되면 매출이 급속히 늘고 경쟁사도 많아진다. 그러다 성숙기에 접어들면 경쟁 과열 탓에 시장점유율을 높이기가 힘들어진다. 마지막 쇠퇴기에는 대체품 등장 등으로 대부분의 기업의 매출이 떨어진다. 단 성숙기 다음에 다시 성장기가 찾아오는 일도 있는 등 반드시 이 순서대로 진행된다고는 단정하기 어렵다.

성숙기

이제 완전히 자리를 잡았지만 타사 시장점유율도 빼앗기 어려워.

타사와의 차별화가 어려우니까 디자인 등으로 차이를 부각시켜야 해.

쇠퇴기

매출도 떨어지고 슬슬 철수할 준비를 해야겠군.

마케팅

10

고객을 만족시키려면?①

고객만족도를 높이려면 어떻게 해야 할까?
방법 중 하나가 개별 대응 전략이다.

삼촌은 "고객만족도를 높이려면 어떻게 해야 할까?"라고 물은 뒤 "고객만족도 향상을 위해서는 장기적 신뢰관계가 중요한데 그러려면 고객이 '개인적으로 대응해 주는 것 같아'라고 느끼게끔 만들어야 해. 이런 고객 대응을 **원투원 마케팅**(One to One Marketing)이라고 한단다."라고 설명해 주었다. 한편 다수를 상대로 일률적으로 실시하는 마케팅을 매스 마케팅이라고 한다.

일본 전통 사회의 원투원 마케팅

● 일본 토야마현의 약 판매상

각 가정에 필요한 상비약을 조달하고 다 쓴 약을 보충해 주며
가족의 건강상태까지 살피니 신뢰가 쌓일 수밖에 없다.

"경미는 인터넷 쇼핑 자주 하니?"라고 삼촌이 물었다. 경미 씨는 "네. 근데 인터넷 쇼핑은 추천 상품이 뜨니까 무심코 이것저것 사게 돼요."라고 대답했다. 삼촌은 "맞아. 그게 바로 IT를 구사한 원투원 마케팅이야. 구입이력을 참고해 추천 상품을 제안하기도 하고 이메일로 정보를 발신하기도 하는데 모두 원투원 마케팅이란다."라고 말했다.

인터넷 쇼핑몰의 원투원 마케팅

개인별 맞춤 정보를 발신해 고객과의 신뢰 관계를 강화한다

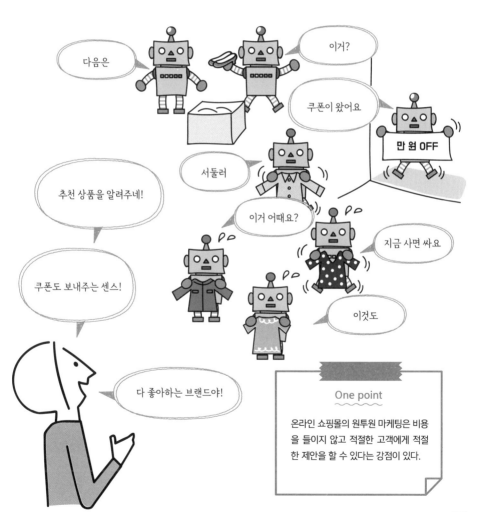

One point

온라인 쇼핑몰의 원투원 마케팅은 비용을 들이지 않고 적절한 고객에게 적절한 제안을 할 수 있다는 강점이 있다.

마케팅

11

고객을 만족시키려면?②

기업은 구매이력을 비롯한 고객 개인 데이터를 확보해
여러 방식으로 활용한다.

경미 씨는 문득 이런 생각이 들었다. "그럼 저처럼 온라인 쇼핑몰을 이용한 사람들의 기록이 모두 기업에 남는다는 건가요?" 삼촌은 "그렇지. 온라인 쇼핑몰뿐 아니라 매장이나 TV 홈쇼핑 등에도 구매이력이나 개인정보가 다 남아. 이 데이터를 가지고 기업은 세밀히 고객을 관리하는 거지. 이런 활동을 CRM(Customer Relationship Management)이라고 해."라고 말했다.

CRM이란?

**고객 데이터가 물방울이라면 데이터 관리부서는 댐과 같다.
일단 댐에 모인 정보는 제때 적절한 곳으로 방출된다.**

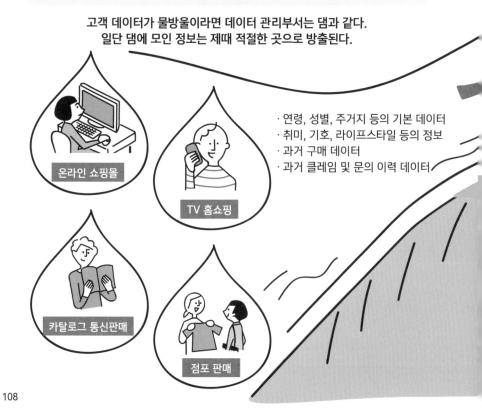

온라인 쇼핑몰

TV 홈쇼핑

카탈로그 통신판매

점포 판매

· 연령, 성별, 주거지 등의 기본 데이터
· 취미, 기호, 라이프스타일 등의 정보
· 과거 구매 데이터
· 과거 클레임 및 문의 이력 데이터

인터넷 쇼핑몰이나 매장 등에서 얻은 고객 판매 데이터나 개인 데이터 등은 모두 기업의 데이터베이스 관리부서로 모여 이곳에서 관리된다. 이후 영업 및 고객지원 등 실제 고객과 접하는 부서로 보내져 해당 부서의 성격에 맞게 활용된다. 고객 데이터가 많을수록 개별 맞춤 제안과 꼼꼼한 고객 응대가 가능해지므로 CS가 향상된다.

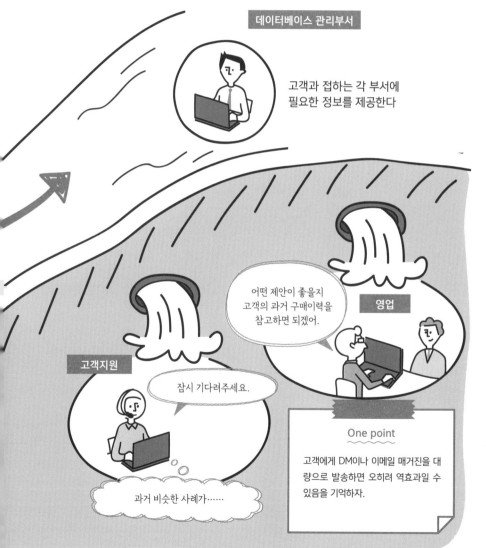

데이터베이스 관리부서

고객과 접하는 각 부서에
필요한 정보를 제공한다

어떤 제안이 좋을지
고객의 과거 구매이력을
참고하면 되겠어.

영업

고객지원

잠시 기다려주세요.

One point

고객에게 DM이나 이메일 매거진을 대량으로 발송하면 오히려 역효과일 수 있음을 기억하자.

과거 비슷한 사례가……

마케팅

12

특정 고객을 편애해야 돈을 번다?

자사 제품을 자주, 대량으로 구매하는 고객을
차별대우하면 매출이 늘어난다.

경미 씨는 또 이런 생각도 들었다. "기업 입장에서는 자주, 많이 구매해 주는 고객이 최고 아니에요? 그 사람들을 특별 관리하면 매출이 오르지 않을까요?" 삼촌은 놀라서 "그런 생각을 하다니 대단하구나. 방금 경미가 말한 대로야. 실은 상위 20퍼센트의 고객이 전체 매출의 80퍼센트를 창출한다는 사고법이 있는데, 이를 파레토 법칙(Pareto's Law)이라고 해."

파레토 법칙

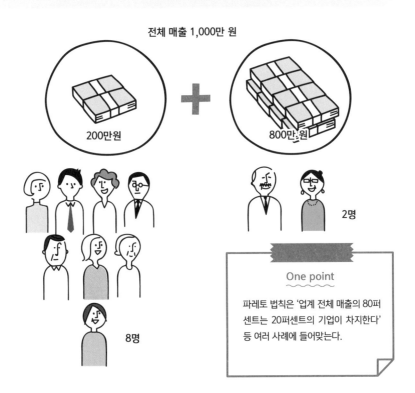

전체 매출 1,000만 원

200만원 + 800만 원

2명

8명

One point

파레토 법칙은 '업계 전체 매출의 80퍼센트는 20퍼센트의 기업이 차지한다' 등 여러 사례에 들어맞는다.

물론 제품에 따라 20퍼센트와 80퍼센트라는 숫자상의 비율은 변한다. 요컨대 모든 일에는 치우침이 존재한다는 인식이 중요하다. 파레토 법칙은 CRM의 근간이 되는 사고법이기도 하다. 즉 구입 빈도가 잦고 사용 금액도 큰 상위 20퍼센트의 우량고객을 특별 관리하면 매출을 올릴 수 있다. 상위 20퍼센트를 위한 마케팅 믹스를 고민해야 하는 이유가 바로 여기에 있다.

파레토 법칙을 이용한 CRM

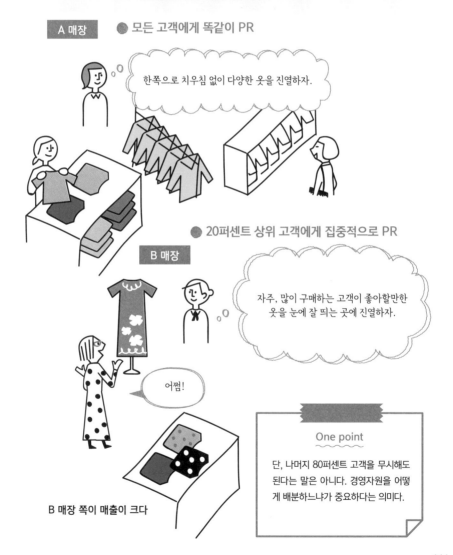

A 매장
● 모든 고객에게 똑같이 PR

한쪽으로 치우침 없이 다양한 옷을 진열하자.

● 20퍼센트 상위 고객에게 집중적으로 PR

B 매장

자주, 많이 구매하는 고객이 좋아할만한 옷을 눈에 잘 띄는 곳에 진열하자.

어쩜!

One point

단, 나머지 80퍼센트 고객을 무시해도 된다는 말은 아니다. 경영자원을 어떻게 배분하느냐가 중요하다는 의미다.

B 매장 쪽이 매출이 크다

마케팅

13

최신 마케팅 기법①

인터넷이 발달하면서 요즘 새로운 형태의 마케팅이 등장했다.

"세븐일레븐은 물론 알지?" 삼촌이 물었다. "네, 그럼요. 자주 가요."라고 대답하는 경미 씨. 삼촌은 "최근에는 고객과 제품이 만나는 접점(채널)이 매장뿐 아니라 스마트폰이나 PC, TV나 카탈로그 통신판매 등으로 다양해졌어. 세븐일레븐처럼 인터넷과 오프라인을 융합한 서비스를 **옴니채널**(omni-channel)이라고 해."

옴니채널이란?

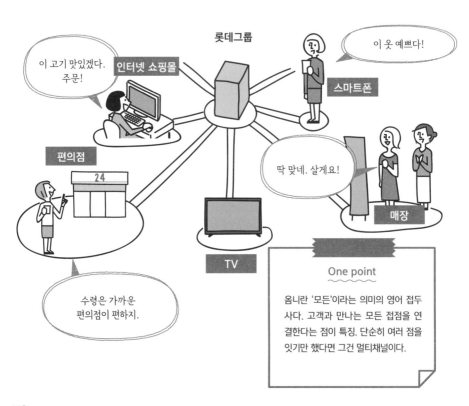

롯데그룹

이 고기 맛있겠다. 주문!

인터넷 쇼핑몰

이 옷 예쁘다!

스마트폰

편의점

24

딱 맞네. 살게요!

매장

TV

수령은 가까운 편의점이 편하지.

One point

옴니란 '모든'이라는 의미의 영어 접두사다. 고객과 만나는 모든 접점을 연결한다는 점이 특징. 단순히 여러 점을 잇기만 했다면 그건 멀티채널이다.

"매장에 상품 재고가 없어도 매장에 비치된 단말기로 온라인 사이트에서 주문할 수 있는 시스템을 알아? 이것도 옴니채널의 한 형태인데 **엔드리스 아일**(Endless Aisle)이라고 해."라고 삼촌은 계속 설명했다. 엔드리스 아일은 상품 판매 기회 상실을 막고 동시에 고객이 기업에 나쁜 인상을 받지 않도록 차단한다.

엔드리스 아일이란?

● 기존의 품절 대응법

지난번에 봤던 스웨터 없어요?

죄송합니다. 지금 재고가 없습니다.

예약해 두시면 재입고 되는 대로 연락드리겠습니다.

됐어. 다른 매장으로 가자.

● 엔드리스 아일의 경우

지난번에 봤던 스웨터 없어요?

다행이다!

매장에는 재고가 없지만 이쪽 사이트에서 구입하실 수 있습니다.

게다가 집으로 배달해 준다니까 왔다 갔다 하는 시간도 절약할 수 있겠어!

One point

엔드리스 아일이란 '끝이 없는 선반'이란 의미로 품절 없는 상태를 표현한다.

마케팅

14

최신 마케팅 기법②

'오프라인 매장에서 물건을 보고 온라인으로 주문'하는 쇼핑 형태가
계속 증가하는 가운데 무인양품은 한 발 앞서 대응하고 있다.

"요즘 소비자들은 물건을 살 때 매장에 재고가 있어도 온라인에서 더 싸게 살 수
있는 곳이 없는지 조사한 다음에 구매해. 매장에서 실물을 보고 온라인에서 구입
하는 걸 **쇼루밍**(showrooming)이라고 하는데, 쇼루밍은 엔드리스 아일로도 막을 수
없어."라고 삼촌이 말했다. 경미 씨는 "그럼 어떻게 해요?"라고 물었다. 삼촌은 "온
라인에서 사되 자사 사이트에서 사도록 유도하는 전략을 짜는 거지."라고 답했다.

쇼루밍이란?

청소기 코너

380,000 330,000 370,000

매장 가격이
이 정도니까……

저희 매장에서 사시면
보증기간이 2년이에요.

어디가 제일 싼지
집에 가서 가격비교 사이트로
조사해 본 다음 주문해야겠다.

다른 매장이나 온라인보다 100원이라도 비싸면
깎아 드릴게요.

"무인양품의 MUJI passport라는 앱이 바로 그거야."라고 삼촌이 말을 이었다. 스마트폰에 무인양품의 회원증인 MUJI passport를 설치한 뒤 매장이나 자사 온라인 사이트에서 물건을 구입하면 포인트가 쌓이고 나중에 상품 리뷰를 작성하면 포인트가 더 쌓인다. 또 쿠폰을 보내주기도 하고 실시간 상품 재고 조사도 가능하다. 무인양품은 고객이 자사 온라인 사이트를 이용하게끔 앱으로 다양한 동기부여를 하고 있는 것이다.

MUJI passport의 효과

MUJI passport에서 쿠폰이 왔으니까 그걸 써야겠다!

포인트에 리뷰 포인트까지 받으면 완전 이익인데?

어디가 더 싼지 알아보는 것도 귀찮고…

One point

자사 사이트에 온라인쇼핑 기능을 추가하는 기업도 있고 아마존, 중고거래 사이트에 출품하는 기업도 있다.

마케팅

15

IT 시대의 마케팅①

오늘날 마케팅에서 인터넷은 필수다.
인터넷을 어떻게 이용하면 좋을까?

경미 씨는 "역시 이제 인터넷 집객은 필수네요. 삼촌, 인터넷으로 선전하는 방법을 더 가르쳐 주세요."라고 부탁했다. 삼촌은 "알았어. 오늘날 기업은 고객에게 자사를 알릴 때 세 가지 미디어, 즉 페이드 미디어, 온드 미디어, 언드 미디어를 사용하는데 이 세 가지를 합쳐서 트리플 미디어라고 해."라고 대답했다.

트리플 미디어란?

● 페이드 미디어(Paid Media)
자사 인지도와 관심도를 높이는 역할

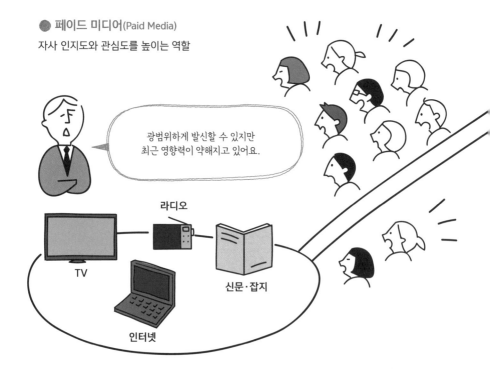

광범위하게 발신할 수 있지만
최근 영향력이 약해지고 있어요.

라디오

TV

신문·잡지

인터넷

페이드 미디어는 돈을 지불하고 제공하는 기존의 미디어를 말합니다. 텔레비전 광고나 잡지 광고, 옥외 광고, 인터넷 광고가 이에 해당합니다. 온드 미디어는 자사가 가지고 있고 통제 가능한 매체이며, 자사 사이트나 메일 매거진, 실제 점포도 이에 해당합니다. 마지막 언드 미디어는 블로그와 입소문 사이트 및 SNS로 자사가 제어할 수 없는 것이 특징인 미디어입니다.

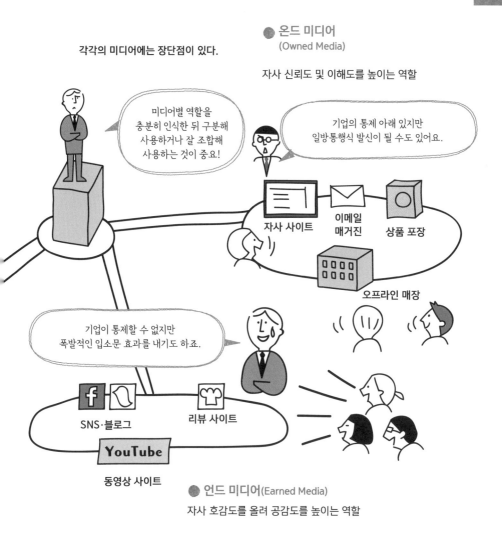

각각의 미디어에는 장단점이 있다.

● 온드 미디어
(Owned Media)

자사 신뢰도 및 이해도를 높이는 역할

미디어별 역할을 충분히 인식한 뒤 구분해 사용하거나 잘 조합해 사용하는 것이 중요!

기업의 통제 아래 있지만 일방통행식 발신이 될 수도 있어요.

자사 사이트   이메일 매거진   상품 포장

오프라인 매장

기업이 통제할 수 없지만 폭발적인 입소문 효과를 내기도 하죠.

SNS·블로그   리뷰 사이트

YouTube

동영상 사이트

● 언드 미디어(Earned Media)

자사 호감도를 올려 공감도를 높이는 역할

마케팅
16

IT 시대의 마케팅②

온라인 광고의 큰 특징은 개인의 취미·기호에 맞춰
광고를 표시할 수 있다는 점이다.

"네이버*에서 뭔가를 검색하면 광고도 같이 표시돼지?"라고 삼촌이 물었다. 경미 씨는 "맞아요. 제가 자주 검색하는 디저트 관련 광고가 마구 뜨니까 저도 모르게 클릭하게 돼요."라고 말했다. 삼촌은 "그런 광고를 리스팅(listing) 광고나 검색연동형 광고라고 해. 경미의 검색 키워드와 연동해 관심을 가질만한 디저트 광고를 표시하는 거지."라고 말했다.

리스팅 광고란?

키워드에 반응해 검색한 사람이 관심을 가질만한 상품의 광고를 표시한다

"특정 키워드를 검색한다는 건 거기에 관심이 있다는 거잖아. 그 키워드와 관련된 광고를 표시하면 클릭할 확률이 높아지겠지." 하고 삼촌은 설명을 덧붙였다. 리스팅 광고는 표시만으로는 비용이 발생하지 않고 클릭된 횟수에 따라 광고비가 지불된다. 또 광고를 표시하게 만드는 키워드의 복수 지정이 가능해 타깃을 좁히는 데 유용하다.

광고 발주 기업에게 유리한 리스팅 광고

키워드가 마카롱 하나면 경쟁사가 많아서 광고비가 비쌀 거야.

A사 Web 광고 담당

우리 회사 마카롱은 가격도 부담 없으니까 '마카롱' '저렴한' 두 가지 키워드로 검색한 사람에게만 표시되게 하자.

클릭됐을 때만 비용이 발생하는 시스템도 기업 입장에서는 고마울 따름이지.

One point

여러 기업이 같은 키워드로 입찰한 경우 입찰 금액과 클릭률 등에 따라 표시 순위가 변한다.

마케팅

IT 시대의 마케팅③

아무리 관심 있는 내용이어도 광고색이 너무 진하면
소비자에게 무시당하기 쉽다. 그래서 생겨난 것이 광고 같지 않은 광고다.

경미 씨는 "그런데 광고는 좀 귀찮아요."라고 말했다. 삼촌은 "맞아. 그게 광고의
약점이야. 그래서 고안한 게 네이티브(Native) 광고야. 광고 같지 않은 광고라고 하
는데 읽고 있는 페이지의 콘텐츠에 자연스럽게 녹여 만든 게 특징이야. 광고 내
용이 보는 이에게 유익한 정보인지가 중요해."라고 말했다.

네이티브 광고란?

● 리스팅 광고

● 네이티브 광고

"예를 들면 웹 사이트나 SNS 타임라인에 표시되는 PR 기사를 상상해 보면 이해하기 쉬울 거야. SNS의 콘텐츠와 콘텐츠 사이에 끼여 있는 광고는 인피드 광고라고 해."라고 삼촌이 말했다. 인피드 광고는 네이티브 광고의 일종인데, 일반 광고보다 클릭률이 두 배나 높다고 한다.

인피드 광고

아이돌 ○○씨 열애설, 상대는?

80세 고속도로 역주행

고양이 100 마리 이상!
요즘 핫한 고양이 카페
SPONSORED

올해 벚꽃 개화 예상일은?

기사 제목이 재미있어서 일반 기사인줄 알았는데 가게 광고였구나.

그래도 재미있네.
다음에 한 번 가볼까?

One point

콘텐츠에 잘 스며든 네이티브 광고를 제작하려면 시간과 돈을 투자해야 한다는 점을 기억하자. 또 콘텐츠와 광고를 구별하기 위해 'SPONSORED' '광고' 'PR' '프로모션'이라고 표시해야 한다.

마케팅

18

IT 시대의 마케팅④

예전에는 Web 광고를 내려면 기업이 직접 사이트를 찾아
개별적으로 의뢰해야 했지만 지금은 그렇지 않다.

경미 씨는 삼촌에게 물었다. "Web에 광고를 내려면 사이트마다 일일이 의뢰해야
해요?" 삼촌이 대답했다. "예전에는 그랬어. 기업이나 광고대행사가 상품에 맞는
사이트를 찾아 개별적으로 부탁했지. 그런데 광고 게재비도 다 제각각이고 이용
자가 광고를 얼마나 보고 있는지, 클릭수는 얼마나 되는지 같은 데이터도 사이트
가 측정한 거라서 신빙성이 떨어졌어."

애드 네트워크가 없었던 시대

광고 발주 기업(또는 대행사)

우리 회사 광고를
게재해 주세요!

월 50만 원 선불이에요.

우리한테 광고를 맡기면
효과가 있다고 믿게 만들어야하니까
클릭수를 부풀려야지.

하루 만 원요.
클릭수는 몰라요.

월 100만 원에 게재할게요.
클릭수도 가르쳐 드리고요.

클릭 당 천 원요.

● 문제점

· 사이트 하나하나에 게재를 의뢰해야 한다.
· 적합한 사이트를 스스로 찾아야 한다.
· 과금 형태가 제각각이다.
· 매체가 제공하는 데이터의 신빙성이 낮다.

삼촌의 설명은 계속됐다. "하지만 지금은 달라. Web 광고를 한데 묶어 놓은 회사
가 있어서 그 회사에 입찰하면 회사 네트워크에 들어 있는 여러 사이트에 광고
를 내보낼 수 있어. 이 네트워크 방식을 애드 네트워크(Ad-Network)라고 해." 애드
네트워크는 광고주가 힘들게 사이트를 찾아다닐 필요가 없고 과금 형태도 일률
적이다. 제공받는 데이터도 애드 네트워크 회사가 측정한 데이터라서 신빙성이
높다.

애드 네트워크란?

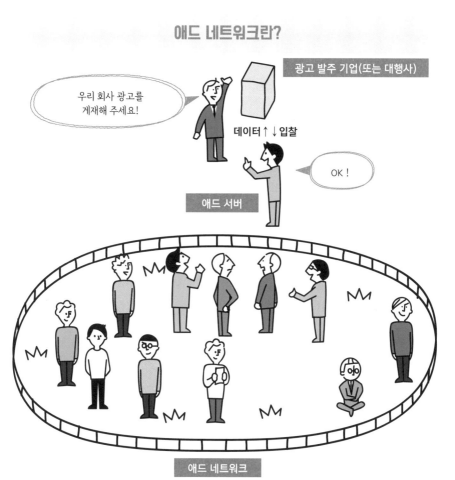

● 광고주의 장점

· 입찰만 하면 애드 네트워크에 가입한 사이트에 전송할 수 있다.
· 통일된 과금 형태(클릭 과금형 등)
· 애드 네트워크 회사가 데이터를 직접 측정하기 때문에 신빙성이 높다.

마케팅은
왜 생겨났을까?

1973년과 1979년에 발생한 두 번의 오일쇼크를 겪으며 세계 경제는 저성장 시대로 접어들었다.

오일쇼크 전까지는 양질의 물건을 대량으로 생산하면 고객이 구입해 주는 대량생산식 경영이 주류였다. 그러나 이러한 방식으로는 저성장 시대를 극복할 수 없게 되자 새로운 방향성을 고민하기 시작했고, 시장 및 고객의 필요를 조사해 그 결과를 바탕으로 전략을 세우는 마케팅 개념이 확산되기 시작했다. 또 1960년대에는 한정된 파이를 빼앗아 경쟁에서 이기기 위해서는 어떻게 해야 하는지를 모색하는 경쟁전략 사고법도 등장했다.

피터 드러커와 STP(96쪽)·4P(98쪽)를 주장한 필립 코틀러는 이 즈음에 왕성히 활동하며 현대 마케팅 이론의 기초를 다졌다.

P.F.Drucker

P.Kotler

chapter 6

비즈니스
모델이란?

경미 씨는 다시 영태 씨를 찾아가
최신 비즈니스에 대한 이야기를 나누었다.
이번 주제는 비즈니스 모델이다.

비즈니스 모델이란?

다양한 경영 이론을 배운 경미 씨.
이번에는 기업의 실제 비즈니스 모델에 대해 공부해 보기로 했다.

경미 씨는 TV를 보면서 "요즘 새로운 비즈니스 모델이 계속 나오는 것 같아. 재미있는 비즈니스 모델에 대해서도 가르쳐 줘."라고 영태 씨에게 부탁했다. 영태 씨는 "그럴까? 최신 비즈니스 모델을 알면 나중에 카페를 운영할 때 도움이 될지도 모르겠다. 그런데 그 전에 비즈니스 모델이란 무엇인지 생각해 보자."라고 말했다.

비즈니스 모델 구축 과정

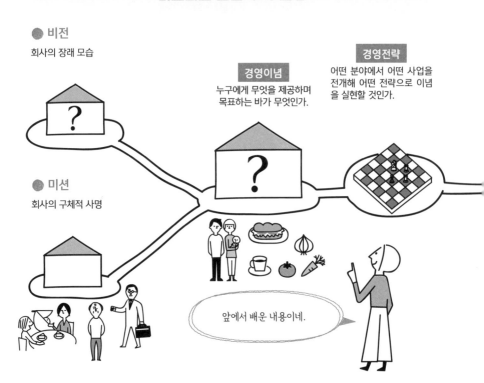

● 비전
회사의 장래 모습

경영이념
누구에게 무엇을 제공하며
목표하는 바가 무엇인가.

경영전략
어떤 분야에서 어떤 사업을
전개해 어떤 전략으로 이념
을 실현할 것인가.

● 미션
회사의 구체적 사명

앞에서 배운 내용이네.

126

앞서 살펴본 내용을 복습해 보자면, 기업은 비전과 미션이 담긴 경영이념을 바탕으로 경영전략을 세운다(42~43쪽). 이 경영전략에 기초한 '돈을 벌기 위한 계획'이 비즈니스 모델이다. 구체적으로 '누구에게 제공할 것인가' '무엇을 제공할 것인가' '어떤 경영자원을 활용할 것인가' '어떻게 차별화할 것인가' '어떻게 수익을 올릴 것인가'라는 다섯 가지를 나타낸다.

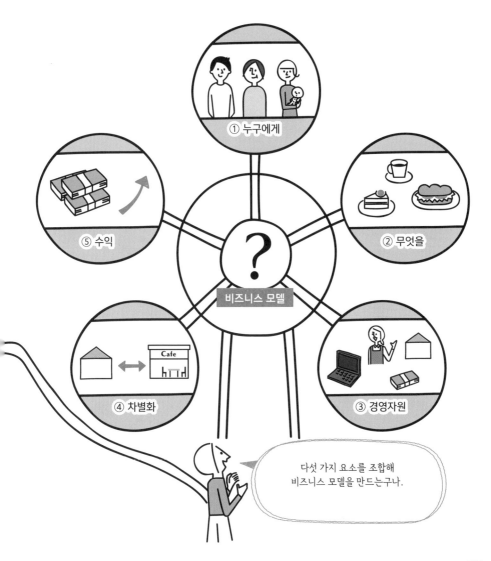

① 누구에게

② 무엇을

③ 경영자원

④ 차별화

⑤ 수익

비즈니스 모델

?

다섯 가지 요소를 조합해
비즈니스 모델을 만드는구나.

비즈니스모델

02

모바일 무료 게임*,
무료인데 어떻게 돈을 벌지?

요즘은 안 하는 사람을 찾기 힘들 정도인 스마트폰 무료 게임.
도대체 무료인데 어떻게 돈을 버는 걸까?

영태 씨가 물었다. "경미 너도 '소셜 네트워크 게임' 하지?" 경미 씨는 "어, 카카오** 무료 게임 해 본 적 있어. 근데 무료인데 어떻게 돈을 버는 걸까?"라고 되물었다. 영태 씨는 "간단히 말하면 이용자 중 일부가 돈을 내기 때문이야. 가령 게임 아이템을 사려고 돈을 지불하는 사람이 10명 중 1명만 있어도 충분히 수익이 나는 구조거든."이라고 설명했다.

무료 게임의 수익 구조

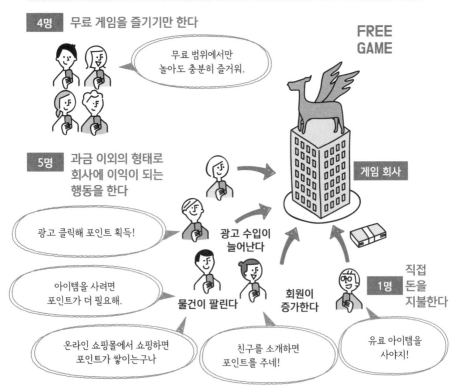

4명 무료 게임을 즐기기만 한다

무료 범위에서만 놀아도 충분히 즐거워.

FREE GAME

5명 과금 이외의 형태로 회사에 이익이 되는 행동을 한다

게임 회사

광고 클릭해 포인트 획득!

광고 수입이 늘어난다

아이템을 사려면 포인트가 더 필요해.

물건이 팔린다

회원이 증가한다

1명 직접 돈을 지불한다

온라인 쇼핑몰에서 쇼핑하면 포인트가 쌓이는구나

친구를 소개하면 포인트를 주네!

유료 아이템을 사야지!

무료인데 어떻게 큰돈을 벌 수 있는 걸까? 제작비용에서 고정비의 비율이 현저히 낮기 때문이다. 소셜 네트워크 게임은 디지털 콘텐츠라서 아무리 희귀 아이템이라도 데이터 제작비만 있으면 복제할 수 있다. 또 SNS를 통해 이용자 간에 급속히 퍼진다는 점도 매우 유리하다. 이처럼 무료 서비스로 사람을 모은 뒤 일부 유료회원을 통해 수익을 올리는 전략을 프리미엄(Freemium)이라고 한다.

프리미엄의 특징

① 디지털 콘텐츠라서 제작비가 덜 든다

· 디지털 데이터인 만큼 복제가 쉽고 제작비가 적게 든다.

② 기업이 광고 하지 않아도 SNS에서 저절로 이용자가 늘어난다.

어? 너도 이 게임 하는구나?
친구로 등록해야지!

앗싸! 협력 플레이도 할 수 있고
더 재밌어지겠는데?

야, 너도 같이 하자!

· 친구가 늘면 포인트를 받거나
  게임에서 유리해진다.
· 전용 게임기가 필요 없어서
  친구 초대가 간단하다.

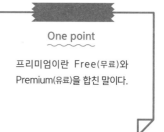

One point

프리미엄이란 Free(무료)와
Premium(유료)을 합친 말이다.

*원문은 일본의 모바일 게임 제공 업체인 'Mixi와 DeNA'이나
 국내 독자에게 생소할 것으로 여겨져 '모바일 무료 게임'으로 바꿔 번역했다.
**이 부분의 원문도 'Mixi와 DeNA'이다.

비즈니스모델
03

에어비엔비와 우버의 사업 구조는?

세계는 지금 물건을 소유하던 시대에서 공유하고 필요할 때만 사용하는 시대로 변하고 있다. 비즈니스 업계도 이 흐름에 발 빠르게 대응 중이다.

경미 씨는 "최근에 여행을 다녀온 친구가 '공유 숙박'을 이용했다고 하던데 이것도 새로운 비즈니스 모델이야?"라고 물었다. 영태 씨는 "맞아. 되도록 저렴한 가격에 머물기를 원하는 사람과 자신의 집을 숙소로 제공하고 싶어 하는 사람을 이어주는 공유 숙박이야말로 새로운 비즈니스 모델이지. 이런 플랫폼(82쪽)을 제공하는 비즈니스를 공유 비즈니스라고 해."라고 대답했다.

공유 숙박 서비스란?

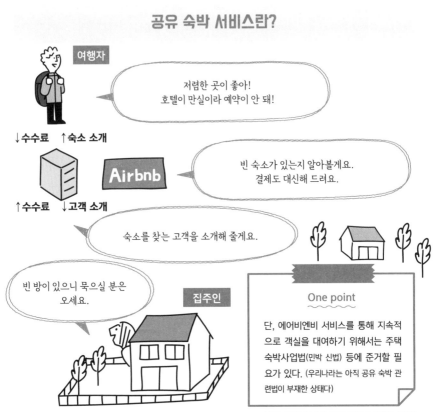

여행자
저렴한 곳이 좋아!
호텔이 만실이라 예약이 안 돼!

↓수수료 ↑숙소 소개

Airbnb
빈 숙소가 있는지 알아볼게요.
결제도 대신해 드려요.

↑수수료 ↓고객 소개

숙소를 찾는 고객을 소개해 줄게요.

빈 방이 있으니 묵으실 분은 오세요.

집주인

One point

단, 에어비엔비 서비스를 통해 지속적으로 객실을 대여하기 위해서는 주택숙박사업법(민박 신법) 등에 준거할 필요가 있다. (우리나라는 아직 공유 숙박 관련법이 부재한 상태다)

일본은 2018년 '주택숙박사업법(민박 신법)'을 개정해 사업자를 내면 일반 가정집에서도 숙박업을 할 수 있게 됐다.

경미 씨가 물었다. "그런데 이용하는 사람이야 저렴해서 좋겠지만 지역 호텔 등은 반발할 것 같은데?" 영태 씨는 "맞아. 현재 공유 숙박은 기존 숙박업계의 반대로 난항 중이고, 미국의 승차 공유 서비스인 우버는 2014년 국내에 상륙했지만 택시업계 반대에 부딪혀 이렇다 할 성과를 내지 못하고 있어. 기존 산업과의 충돌은 어쩌면 새로운 비즈니스 모델의 숙명인지도 몰라."*라고 답했다.

승차 공유 회사와 택시 업계의 충돌

비즈니스모델

04

페이스북은 뭐가 새로웠을까?

전 세계가 사용하는 페이스북.
페이스북의 새로운 비즈니스 모델에 대해 알아보자.

스마트폰을 보고 있는 경미 씨에게 영태 씨가 "페이스북 보는 거야?"라고 물었다. 경미 씨는 "어. 그런데 페이스북은 어떻게 이렇게 급성장한 걸까?" 하고 물었다. 영태 씨는 답했다. "여러 사람에게 도구를 빌려주고 이용자의 힘으로 콘텐츠를 늘려 사람을 모으는 페이스북의 새로운 비즈니스 모델 덕분이야. 이 비즈니스 모델을 오픈 전략이라고 해."

오픈 전략이란?

페이스북 오픈 전략의 새로운 점은 페이스북 내 게임 제작법을 공개한 데 있다. 각 게임 회사에 프로그래밍 사양 등을 개별 전달하던 기존 방식을 버리고 모든 사양을 공개해 누구나 제작할 수 있게 한 것이다. 결과적으로 다양한 회사가 게임을 만들어 제공하기 시작했고, 친구끼리 서로 협력해 즐기는 게임 방식 덕분에 페이스북의 회원 수는 폭발적으로 증가했다.

페이스북의 오픈 전략

● 기존 모델

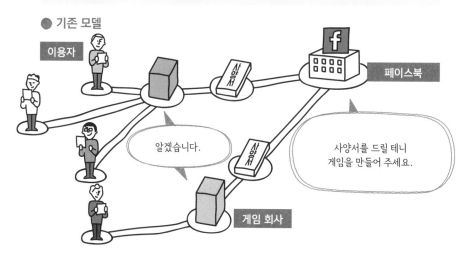

● 페이스북 모델

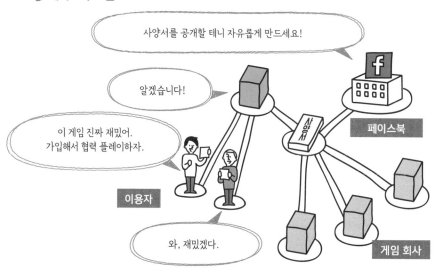

비즈니스모델
05

그루폰,
뭐가 획기적이었을까?

일본에서 허위 광고로 이미지에 치명타를 입은 그루폰.
그러나 알고 보면 그루폰의 비즈니스 모델은 대단히 획기적이다.

"그루폰이라고 기억해? 할인 쿠폰 등을 팔던 소셜 커머스 회사." 갑자기 영태 씨
가 물었다. "사진과 전혀 다른 명절 음식을 팔아서 문제가 됐던 그 회사 말이지?"
라고 경미 씨가 답했다. 영태 씨는 "맞아. 그 일로 이미지가 크게 실추되긴 했지
만, 사실 그루폰의 비즈니스 모델은 굉장히 획기적이었어. 예를 들어 고급 레스
토랑의 10만 원짜리 코스 쿠폰이 24시간 이내에 신청자 50명이 모이면 반값으
로 떨어지는 서비스였거든."이라고 말했다.

그루폰의 소셜 활용 모델

가게 입장에서도 코스 가격이 반으로 줄긴 하지만 광고비가 들지 않고 50명분의 판매가 보장되기 때문에 이익이다. 보통 '선착순 ○명'과 같은 한정품 등은 친구에게 알리고 싶지 않은 법이다. 그러나 그루폰 서비스는 되도록 널리 알려야 자신에게도 이익이기 때문에 입소문을 타고 고객이 저절로 늘어난다. 이 같은 비즈니스 모델을 소셜 활용 모델이라고 한다.

그루폰에 등장한 레스토랑

어, 저기 레스토랑에서 또 그루폰 반값 행사를 하네!

광고비가 안 들어서 좋아. 적자만 안 나면 몇 번이든 할 수 있겠어.

나도 신청할래! 친구한테 연락해서 같이 하자고 해야지!

그루폰으로 신청했어요!

One point

그러나 일본의 명절 음식 사건처럼 아무리 반값이라 할지라도 그만한 가치가 없으면 회사 이미지에 큰 타격을 입는다. 금액에 맞는 상품으로서의 가치가 전제되어야 한다.

비즈니스모델

06

네슬레와 질레트의 공통점은?

소모품으로 돈을 버는 비즈니스 모델은 오래전부터 있었다.
최근에는 커피 머신에도 이러한 서비스가 있다.

영태 씨는 갑자기 퀴즈를 냈다. "커피회사 네슬레와 면도기회사 질레트의 공통점이 뭔지 알아?" 경미 씨는 "커피와 면도기의 공통점?" 하고 고개를 갸우뚱했다. 영태 씨는 "정답은 비즈니스 모델. 질레트에서 시작된 면도기 비즈니스 모델은 본체를 싸게 판 뒤 교체 면도날로 돈을 버는 전략이야." 본체를 싸게 많이 공급하고 소모품으로 수익을 내는 비즈니스 모델을 **면도기와 면도날 모델**, 혹은 질레트 모델이라고 한다.

면도기와 면도날 모델

면도기

면도날이 잘 안 드네.
슬슬 새 면도날을 살 때가 됐군.

면도기 본체
저렴하게 판매

면도날
소모품이므로
교체가 필요

네슬레도 이 방식을 도입해 네스프레소라는 커피 머신을 개인이나 기업에 싸게 판매한다. 네스프레소 머신은 전용 커피캡슐만 사용해야 하기 때문에 머신을 설치한 가정이나 기업은 지속적으로 캡슐을 구입하게 된다. 머신 구매 장벽을 낮추고자 머신 무료체험이나 렌탈 서비스 등도 실시 중이다.

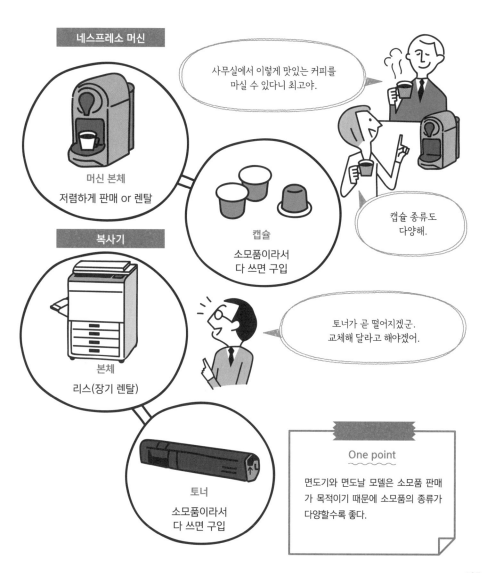

비즈니스모델

07

데아고스티니가 고안한
비즈니스 모델은?

'면도기와 면도날 모델'과 비슷한 발상의 비즈니스 모델이
유명한 데아고스티니*의 시리즈 잡지다.

경미 씨는 "반복 구매 얘기가 나와서 말인데, 어제 아빠가 〈주간 람보르기니 쿤타치 만들기〉라는 잡지의 창간호를 사왔어."라고 말했다. 영태 씨는 "아, 그 시리즈 잡지? 그것도 새로운 비즈니스 모델이야. 데아고스티니의 분할 모델이라고 하지."라고 가르쳐줬다. 데아고스티니가 시작한 분할 모델은 인간의 심리를 이용한 비즈니스 모델이다.

분할 모델이란?

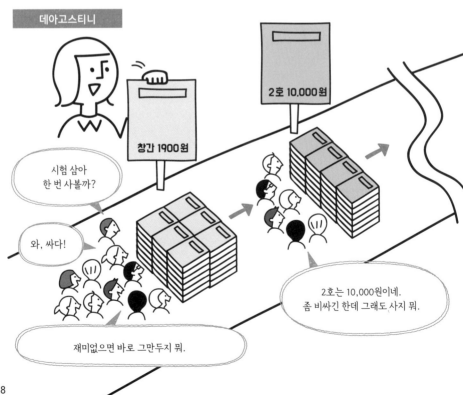

데아고스티니

2호 10,000원

창간 1900원

시험 삼아
한 번 사볼까?

와, 싸다!

2호는 10,000원이네.
좀 비싸긴 한데 그래도 사지 뭐.

재미없으면 바로 그만두지 뭐.

138

데아고스티니의 분할 모델은 창간호 가격을 파격적으로 낮춰서 무조건 많이 판매하는 것이 목적이다. 예를 들어 창간호가 다음 호의 십분의 일 가격이면 소비자는 시험 삼아 한 번 사볼까, 하는 마음이 들기 마련이다. 또 사람에게는 시리즈를 한 번 사기 시작하면 모두 갖추려고 하는 심리가 있다. 기업은 창간호 판매량을 참고해 이후 발행 부수를 가늠하기도 하고, 시리즈가 반응이 좋으면 호수를 늘려 간행하기도 한다.

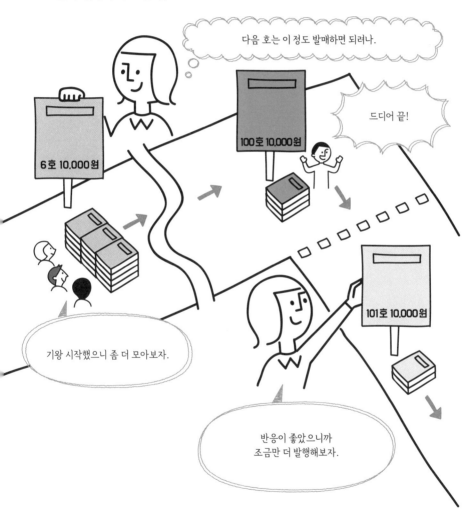

*데아고스티니(DeAGOSTINI) 는 이탈리아에서 시작돼 일본에도 지사가 있는 출판사이다. 분책 형태의 백과사전식 정기구독 잡지를 격주 단위로 간행한다. 잡지는 상황에 따라 다르기는 하나 보통 한 시리즈 당 100권을 목표로 간행한다

비즈니스모델
08

비인기상품에도 공을 들이는 아마존의 전략은?

아마존은 자사 특성을 살려 타사가 흉내 낼 수 없는
비즈니스 모델을 전개 중이다.

경미 씨는 "얼마 전 강의 과제 도서가 출간된 지 오래된 책이었는데 아마존에서 검색하니까 바로 나왔어."라고 말했다. 영태 씨는 "그것도 새로운 비즈니스 모델인데 아마존의 롱테일 모델(Long Tail Model)이라는 거야. 아마존은 거대한 창고를 활용해 일반서점에는 없는 소위 비인기 도서나 오래된 책, 또는 매니아들이 좋아하는 책도 갖추고 있어."라고 가르쳐줬다.

롱테일 모델이란?

또 신간은 물론이고 개인이나 중고서점이 중고서적을 출품하도록 해(82쪽, 플랫폼 전략®) 꽤 희귀한 서적을 찾는 소비자의 필요에도 대응하고 있다. 가끔씩 팔리는 책도 쌓이면 꽤 큰 수익이 된다. 만약 오프라인 서점이 이 같은 방식의 비즈니스를 할라치면 아마존처럼 거대한 창고와 매장이 있어야 한다. 오프라인 매장이 없는 온라인 서점이면서 거대한 창고를 보유한 아마존이기에 가능한 전략이다.

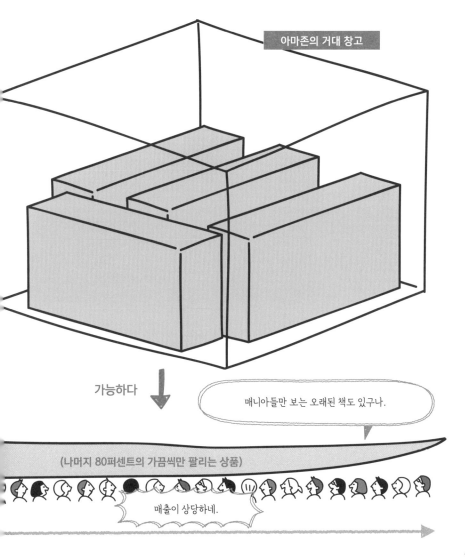

아마존의 거대 창고

가능하다

매니아들만 보는 오래된 책도 있구나.

(나머지 80퍼센트의 가끔씩만 팔리는 상품)

매출이 상당하네.

비즈니스모델

09

회원제인 코스트코의
성장 비결은?

코스트코 등의 회원제 비즈니스는 비회원도 살 수 있게 하면
더 이익일 텐데 왜 회원제를 고집할까?

이번에는 영태 씨가 물었다. "코스트코 가봤어?" 경미 씨는 "친구가 회원이라서 같이 간 적 있어. 그런데 회원제가 아니면 누구나 갈 수 있을 텐데 왜 회원만 이용하도록 한 걸까?"라고 말했다. 영태 씨는 "그게 코스트코 비즈니스 모델의 핵심이야. 회원제 모델이라고 하는데 회원만으로도 충분히 수익이 나는 시스템이지."라고 답했다.

고품질 저가격 실현을 위한 코스트코의 특징

① 자사 제품(프라이빗 브랜드, PB)의 질이 우수하다.

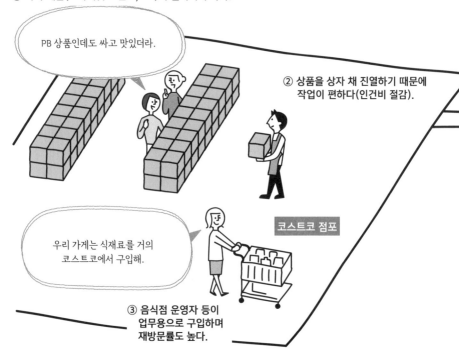

PB 상품인데도 싸고 맛있더라.

② 상품을 상자 채 진열하기 때문에
작업이 편하다(인건비 절감).

우리 가게는 식재료를 거의
코스트코에서 구입해.

코스트코 점포

③ 음식점 운영자 등이
업무용으로 구입하며
재방문률도 높다.

코스트코 입장에서는 회원이 오든 안 오든 이미 회비를 받은 상태고 회원 입장에서는 '안 가면 손해'라는 심리 탓에 자꾸 방문하게 된다. 회원제 모델은 스포츠 클럽 등과 운영 방식이 동일하지만 코스트코는 고객이 내점해 무언가를 사면 더 이익이기 때문에 스포츠클럽 등과는 조금 다르다. 한편 고객이 매장을 찾는 이유는 코스트코의 상품이 품질은 좋고 가격은 싸기 때문인데 여기에는 다섯 가지 비결이 있다.

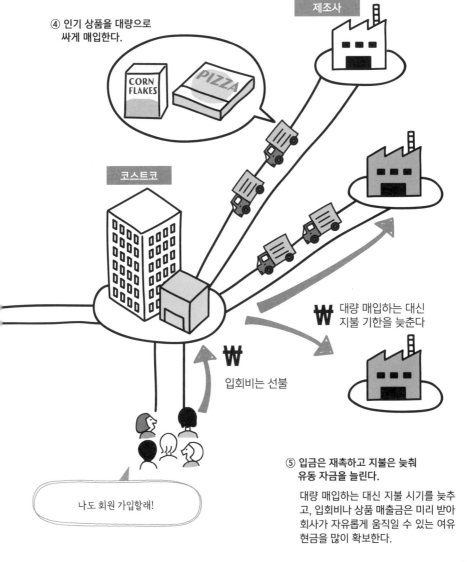

④ 인기 상품을 대량으로 싸게 매입한다.

CORN FLAKES

PIZZA

제조사

코스트코

₩ 대량 매입하는 대신 지불 기한을 늦춘다

₩ 입회비는 선불

나도 회원 가입할래!

⑤ 입금은 재촉하고 지불은 늦춰 유동 자금을 늘린다.

대량 매입하는 대신 지불 시기를 늦추고, 입회비나 상품 매출금은 미리 받아 회사가 자유롭게 움직일 수 있는 여유 현금을 많이 확보한다.

비즈니스모델

10

컴퓨터 제조를 그만 둔 IBM의 재성공 비결은?

가격 경쟁에서 밀린 제조회사가 업계에서 철수했다가
다른 분야로 진출해 성공한 사례도 있다.

영태 씨가 말했다. "IBM이 이제 컴퓨터 안 만드는 거 알아?" 경미 씨는 "정말? 왜?" 하고 놀라 물었다. 영태 씨는 "컴퓨터는 이제 대량 보급돼서 고객이 성능 등의 차이를 식별하기 어렵게 됐어. 이걸 범용품화(commodity)라고 하는데 결과적으로 가격 경쟁이 너무 치열해져서 가격 면에서 개발도상국에서 만든 타사 컴퓨터를 이길 수 없게 됐거든."이라고 설명했다.

IBM의 솔루션 모델

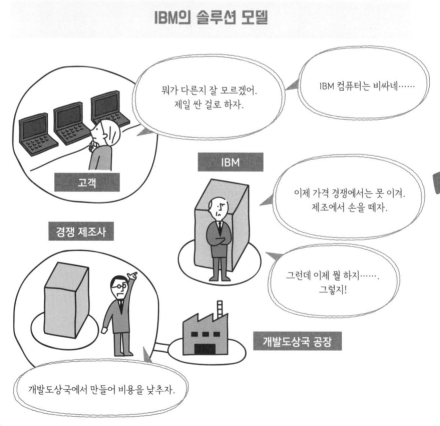

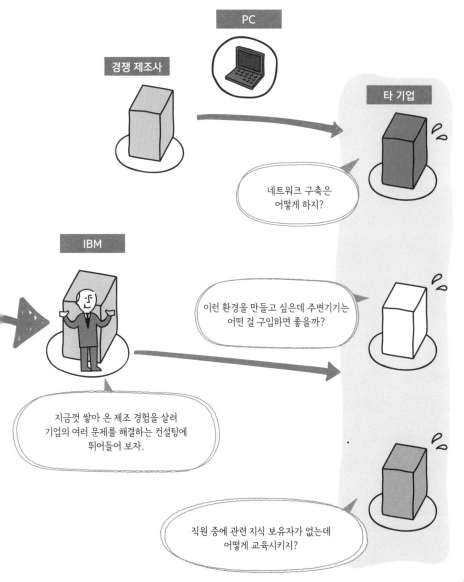

경미 씨가 다시 물었다. "그럼, 지금은 뭘 하는데?" 영태 씨는 "IBM은 컨설팅을 포함해 서비스, 소프트웨어 등으로 이루어진 비즈니스 솔루션에 주력하고 있어. 기업 업무 분석, 제안을 비롯해 네트워크 구축, 보수 등 각종 문제 해결 업무를 일괄 도급 방식으로 맡아 처리하지. 이런 비즈니스 모델을 **솔루션 모델**이라고 해."라고 답했다.

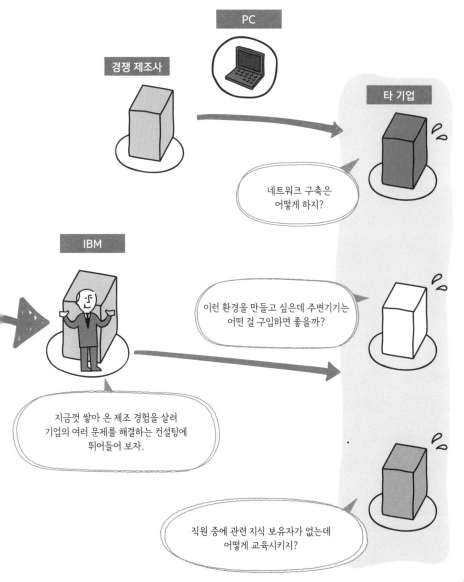

PC

경쟁 제조사

타 기업

네트워크 구축은
어떻게 하지?

IBM

이런 환경을 만들고 싶은데 주변기기는
어떤 걸 구입하면 좋을까?

지금껏 쌓아 온 제조 경험을 살려
기업의 여러 문제를 해결하는 컨설팅에
뛰어들어 보자.

직원 중에 관련 지식 보유자가 없는데
어떻게 교육시키지?

혁신의 딜레마

　코닥이라는 미국의 은염사진 필름 제조회사는 세계 최초로 디지털카메라를 개발했으면서도 도산하고 말았다. 왜 이런 일이 벌어졌을까?

　코닥은 1975년에 디지털카메라를 발명했지만 보급에 소극적이었다. 당시 코닥 은염 필름의 시장점유율은 독점에 가까웠는데 필름 비용이 싸기 때문에 쉽게 디지털카메라 시대로 넘어가지 않을 거라고 예상한 것이다. 그 후 디지털카메라는 기술 진화로 가격이 계속 떨어졌고 당연한 수순이지만 필름은 시장에서 쫓겨나는 신세가 됐다. 코닥의 사례처럼 대기업은 자사 제품보다 저렴하거나 다른 기능을 탑재한 신제품이 등장해도 좀처럼 라이벌 제품이라고 인식하지 못하는 우를 범하곤 한다. 이러한 현상을 '혁신의 딜레마'라고 한다.

chapter 7

생산관리란?

성연 씨

다음 단계는 생산관리다.
그런데 경미 씨 주위에는 생산관리에 대해
잘 아는 사람이 없다. 그래서 삼촌이 근무하는
자동차회사의 생산관리부 직원을 소개받았다.

생산관리

01

생산관리란?

생산관리는 제조사뿐 아니라 카페 같은 음식점에서도 중요하다.

경미 씨는 삼촌 회사의 생산관리부에 근무하는 성연 씨에게 질문했다. "생산관리가 뭐예요?" 성연 씨는 "우선 생산 방식의 종류부터 알아야 해. 연필 공장과 점보제트기 공장은 뭐가 다를까? 연필은 고객의 주문 없이 생산하지만, 제트기는 주문이 들어오면 만들기 시작해."라고 말했다. 연필 생산 방식을 **예측생산**, 제트기 **생산 방식**을 주문생산이라고 한다.

예측생산과 주문생산 사례

어제 부탁한 생일 케이크 준비됐나요?

네, 그럼요.

난 조각케이크

난 몽블랑

주문생산
고객의 주문을 받아 만드는 방식. 재고 발생 위험이 없지만 대량생산에는 적합하지 않고 급한 수요에 대응하기 어렵다.

예측생산
고객의 주문을 받지 않고 수요를 예측해 생산하는 방식. 대량생산에 적합하지만 팔리지 않으면 대량의 재고가 발생한다.

"또 주문생산 중에는 미리 부품을 만들어 두었다가 주문이 들어오면 부품을 조립하는 방식도 있어."라고 성연 씨가 말했다. 이런 생산 방식을 **BTO**(Build to Order)라고 하는데 컴퓨터 제조회사인 Dell의 사례가 유명하다. Dell은 CPU나 HD 용량, 디스플레이 등을 선택할 수 있는 저렴한 조립 PC로 큰 주목을 받았으며 여러 회사가 모방할 정도로 유명한 방식이 됐다.

주문생산은 긴 제조 시간이 가장 큰 약점인데 BTO 방식에서는 고객이 선택한 부품이 이미 제조된 상태라서 기존 주문생산보다 제조 시간이 압도적으로 단축된다.

생산관리

02

뭘 얼마나 만들지
어떻게 정하지?

얼마큼 만들어 팔면 이익이고 얼마큼 못 팔면 손해인지,
손익분기점이라는 개념에 대해 생각해보자.

경미 씨가 말했다. "카페를 한다고 가정했을 때, 예를 들어 케이크를 얼마큼 구워 둬야 할지 판단하기 힘들 것 같아요. 기업에서는 이런 걸 어떻게 정해요?" 성연 씨는 "그 전에 우선 생산 관련 비용에는 뭐가 있는지 알아볼까? 비용은 재료비처럼 생산량에 따라 변하는 **변동비**와 인건비·감가상각비 등 늘 일정하게 발생하는 **고정비**로 나눌 수 있어."라고 말했다.

변동비와 고정비

"자, 변동비와 고정비를 계산했으면 어느 지점에서 흑자가 되는지를 봐야 해. 흑자란 비용보다 매출이 많은 상태야. 비용과 매출이 같아져 정확히 제로(0)가 되는 지점이 있는데, 적자와 흑자로 갈리는 곳이라고 해서 손익분기점이라고 불러. 매출을 나타내는 선이 비용을 나타내는 선보다 위에 위치할수록 이익이 증가해."라고 성연 씨가 설명했다.

손익분기점이란?

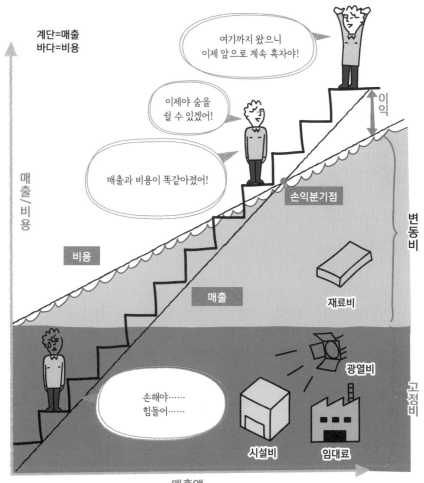

151

생산관리

03

대량생산에 적합한 제조 방식과 약점은?

컨베이어 시스템은 대량생산에 적합하지만 단점도 있다.

경미 씨가 물었다. "공장이라고 하면 컨베이어 벨트가 떠오르는데 삼촌 회사도 그런가요?" 성연 씨는 "맞아. 소위 **포드 생산 방식**이라는 건데 미국의 포드라는 자동차회사가 개발했어. 작업을 세세히 분할해 단순화함으로써 많은 양을 싸게 생산할 수 있게 한 거지."라고 설명해줬다. 그러나 포드 방식은 고정비 부담이 상당하다는 등의 문제가 있다.

포드 생산 방식이란?

오늘도 잘 만들었어.

급료가 너무 낮아.

● 장점
• 각 공정을 단순화함으로써 싼 노동력을 고용해 인건비를 절약한다.
• 고도의 기술력이 필요 없는 만큼 제품 완성도가 균일하다.

피곤해……

왜 이렇게 안 오지……

● 단점
• 대규모 제조 라인이 필요하기 때문에 고정비가 불어난다.
• 계속 같은 장소에서 작업하므로 작업자 부담이 크다.
• 작업 속도가 가장 늦은 사람에 맞춰 전체가 돌아가기 때문에 손이 비는 사람이 생긴다.

"대량생산 시대가 끝나자 다품종 소량생산이나 갑작스런 생산량 변동 상황에 대응 가능한 체재가 필요하게 됐어. 그래서 나온 게 **셀 생산 방식이야**."라고 성연 씨가 말했다. 셀 방식에서는 셀이라 불리는 U자형 작업대에서 소수가 여러 공정을 담당한다. 작업자에게 제품이 흘러오지 않으면 아무 일도 할 수 없었던 컨베이어 방식과는 달리 작업자가 계속 움직여야 한다.

셀 생산 방식이란?

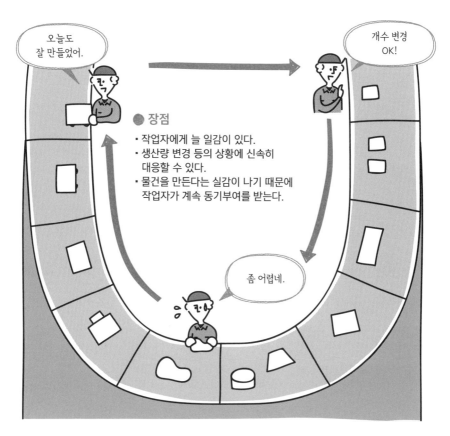

● 단점

· 혼자서 여러 작업을 해야 하므로 작업자에게 높은 수준의 기술이 요구된다.
· 작업자 교육에 시간이 든다.
· 대량생산, 중·대형 조립식 제품에는 맞지 않다.

생산관리
04
세계가 인정한
일본의 생산 방식은?

일본을 대표하는 글로벌 기업 도요타는
독자적인 생산방식을 고안해 전 세계의 인정을 받았다.

성연 씨는 "일본에서 발명한 생산 방식이 전 세계에서 통용되고 있는 거 알아?"
라고 말했다. 경미 씨는 짚이는 게 있어서 "혹시 JIT(49쪽)예요?"라고 대답했다. 성
연 씨는 놀라서 "아는구나? 도요타는 재고는 있는 게 당연하다는 제조업계의 상
식을 깨고 '필요한 물건을 필요할 때 필요한 만큼' 발주하는 JIT(Just in Time) 방식
을 도입했어."라고 설명했다.

기존 제조업계의 고민

부품 제조 공장 예측생산의 경우
대량의 재고가 발생한다.

재고가 많이 쌓였네.
보관도 힘들어.

빨리 만들어!

조립 공장 필요할 때 부품이 없으면 작업이 중단되는 탓에
부품 제조 공장에 예측생산을 강요한다.

부품 아직이야?

작업이 멈춰 버렸네.

성연 씨의 설명은 계속됐다. "JIT 사고법을 현장에 즉시 적용한 게 **칸반 방식이**야. 칸반(看板)이란 상품 납입 시간, 수량을 기입한 종이 표를 말해. 예를 들어 한 공장에서 만든 부품을 다른 공장에서 조립하는 경우, 두 공정의 작업자는 칸반을 통해 서로 정보를 교환해. 작업자는 필요할 때 필요한 만큼만 발주할 수 있고, 부품 제조 쪽도 재고 부담이 주니 서로에게 이익이지."

도요타의 칸반 방식

생산관리

05

생산 효율성, 더 높일 수 없을까?

제품의 기획부터 판매에 이르는 과정에는 다양한 기업이 관여한다.
전체 흐름을 최적화하는 방법은?

성연 씨가 "예를 들어 제조회사는 원자재 조달과 판매, 배송을 담당하는 회사가 모두 제각각인 경우가 많아. 개발부터 소비자의 손에 들어가기까지의 흐름을 **공급 체인**(Supply Chain)이라고 하는데 회사가 다 다르면 전체 흐름에서 비효율적인 부분이 많이 발생해." 인기 상품은 재고가 바닥나고 반대로 잘 안 팔리는 상품은 창고 가득 재고가 쌓여 있는 경우가 좋은 예라 할 수 있다.

기존 공급 체인

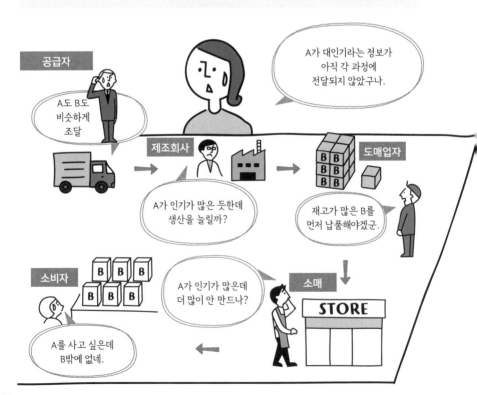

이런 상황이 발생하지 않도록 관리하는 활동이 SCM(Supply Chain Management)이다. 원자재 공급부터 제조·물류·판매에 이르기까지 모든 과정을 컴퓨터로 관리하고 무엇이 잘 팔리고 무엇이 안 팔리는지 등의 정보를 공유해 낭비를 없앤다. 단, 아무리 거래처라 할지라도 모든 정보를 공유할 수는 없는 법이다. 각 회사와 어느 선까지 정보 공유를 할지 신중히 생각해야 한다.

SCM이란?

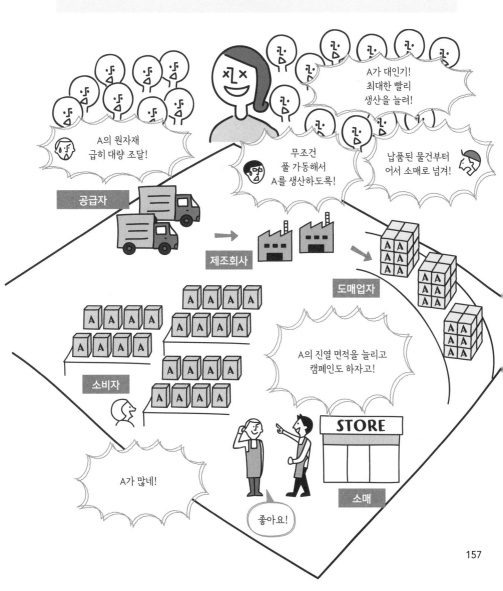

생산관리

06

편의점 PB 상품은 누가 만들까?

얼마 전부터 늘고 있는 마트나 편의점의 PB 상품.
기업에서 직접 만드는 것일까?

성연 씨는 "편의점 PB(Private Brand) 상품 사 본 적 있어?"라고 물었다. 경미 씨는 "네, 제조사 상품과 별 차이 없는데 싸고 좋아요. PB 상품은 편의점이 만드나요?"라고 물었다. 성연 씨는 "실은 대신 제조해 주는 기업이 있어. 이런 방식을 OEM(Original Equipment Manufacturing)이라고 해."라고 가르쳐 주었다.

편의점 PB 상품으로 보는 OEM

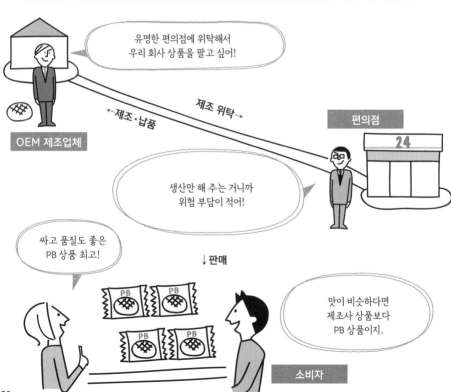

OEM에서 편의점처럼 위탁하는 쪽은 자사 공장 등의 증설 없이 판매량을 늘릴 수 있다. 또 어디에 위탁하느냐에 따라 오히려 자사 제조품보다 질 좋은 상품을 제공받기도 한다. 한편 생산 의뢰를 받은 OEM 제조업체 쪽은 영업력이 약해도 상대방 브랜드를 이용해 제품 매출을 늘릴 수 있고 주문 업체의 지도를 받아 제조 기술 수준이 올라가기도 하는 등 여러 장점이 있다.

위탁 업체와 OEM 제조업체의 장단점

생산관리

07

규격이 정해진 상품과
정해지지 않은 상품이란?

제품 중에는 규격이 정해진 것과 그렇지 않은 것이 있다.
어떤 차이가 있을까?

성연 씨가 "카페와는 조금 관계없는 이야기인데, AAA나 AA 같은 건전지 사이즈는 국내 어디서 사든 똑같아. 이처럼 규격이 정해진 것의 표준을 공적 표준이라고 해. 건전지는 공적기관의 인정을 받아 정해진 규격이 있는 경우지만 규격이 정해지지 않은 제품도 많아."

공적 표준의 특징

● 장점

· 공적 기관이 정한 표준인 만큼 믿을만하다.
· 수출할 때 상대 국가에 맞춰 규격을 변경할 필요가 없다.

● 단점

· 오랜 토의를 거쳐 결정하기 때문에 결정까지 상당 시간이 소요된다.

성연 씨의 설명이 계속됐다. "예전에 비디오테이프 규격은 VHS와 β 두 가지였
는데 VHS 규격 쪽이 널리 보급돼 업계를 실질적으로 지배하는 표준이 됐어. 이
런 걸 **사실상 표준**이라고 해. 압도적인 표준이 되면 가격 경쟁도 의미가 없어져.
그래서 기업은 신기술을 개발하면 사실상 표준이 되고자 노력하지. 그런데 고객
입장에서는 이 과정이 불편할 수도 있어."

사실상 표준의 예

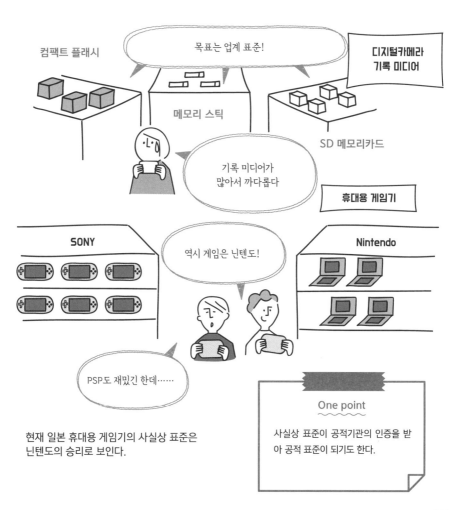

현재 일본 휴대용 게임기의 사실상 표준은
닌텐도의 승리로 보인다.

One point

사실상 표준이 공적기관의 인증을 받
아 공적 표준이 되기도 한다.

08

왜 많이 만들수록 싸질까?

대량생산을 하면 제품 한 개당 비용이 싸진다.
어떤 원리 때문일까?

경미 씨는 "궁금한 게 있어요. 대량생산을 하면 왜 가격이 싸지는 거예요?"라고
물었다. 성연 씨는 "음, 그건 규모의 경제라고 하는 건데, 아까 이야기한 고정비
와 변동비 기억해? 간단히 말하자면 대량으로 만들면 만들수록 제품 한 개 당 고
정비 금액이 감소하게 되니까 제품 한 개 당 원가가 낮아져 비용을 절감할 수 있
는 거야."라고 말했다.

규모의 경제란?

시설비
500만 원

인건비
100만 원×5명

빵 1만 개를 만드는 공장

임대료
100만 원

2,000원짜리 빵 한 개에 들어가는 비용은, 각 비용의 합계÷개수

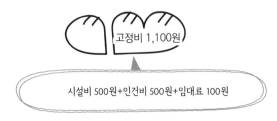

고정비 1,100원

시설비 500원+인건비 500원+임대료 100원

구체적으로 생각해 보자. 임대료가 100만 원인 공장에서 빵 만 개를 만든다고 치자. 그러면 빵 한 개 원가에 포함된 임대료는 100원이 된다. 빵을 2만 개 만들면 개당 포함 임대료는 50원이 된다. 단, 새로운 사람을 고용하거나 공장을 확장하면 고정비가 증가하기 때문에 어디까지나 원칙에 근거한 계산임에 유의하자.

●같은 시설에서 같은 인원수로 더 많은 빵을 만들면……

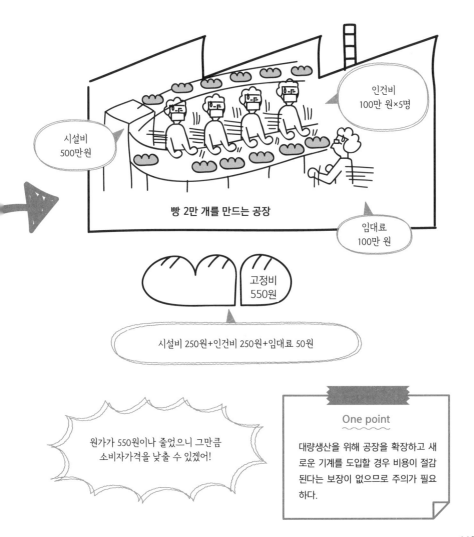

인건비
100만 원×5명

시설비
500만원

빵 2만 개를 만드는 공장

임대료
100만 원

고정비
550원

시설비 250원+인건비 250원+임대료 50원

원가가 550원이나 줄었으니 그만큼
소비자가격을 낮출 수 있겠어!

One point

대량생산을 위해 공장을 확장하고 새로운 기계를 도입할 경우 비용이 절감된다는 보장이 없으므로 주의가 필요하다.

생산관리

09

생산 폐기물을
재사용할 수 없을까?

설비 하나로 여러 제품을 만들면 더 경제적이지 않을까?
이를테면 제조 과정에서 나온 폐기물에 주목해 보자.

성연 씨는 말을 이었다. "규모의 경제와 비슷한 단어로 범위의 경제라는 게 있어. 이름은 비슷한데 전혀 달라. 범위의 경제는 한 기업이 여러 종류의 제품을 함께 생산하면, 한 제품만 만들 때보다 비용은 적게 들고 수익은 극대화되는 현상이야. 예를 들면 식품 제조 과정에서 나온 폐기물을 이용해 다른 제품을 만드는 등의 사례가 유명해. 참고로 범위의 경제는 제조뿐 아니라 서비스도 마찬가지야."

범위의 경제란?

폐기물 재사용

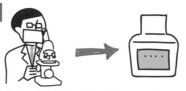

일본의 대표적인 유산균 음료 카르피스. 카르피스 제조 과정에서
발견한 유산균을 활용해 건강식품 제조

창고나 선반 등의 공간 이용

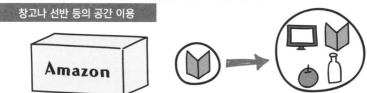

거대 창고를 이용해 온라인으로 서적을 비롯한 모든 물건을 판매하는 서비스

공통 설비로 여러 제품·서비스를
생산·판매함으로써 제품 한 개당
비용은 낮추고 수익은 올린다.

One point

단, 모든 제품·서비스에 다 적용되는
것은 아니다.

일본의 마요네즈 제조사 '큐피'는 마요네즈 제조 과정에서 발생한 대량의 달걀껍질을 화장품 원료나 칼슘 강화제, 분필 가루 등 다양한 부산물에 재사용하고 있다. 재사용함으로써 지금껏 달걀껍질을 처리하는 데 들었던 비용 삭감, 화장품 원료 등을 제조하기 위한 원재료 비용 절감, 나아가 이들 부산물을 통한 수익 창출이라는 효과를 얻고 있다.

큐피 마요네즈의 사례

● 달걀껍질 재사용으로 얻게 되는 장점①~③

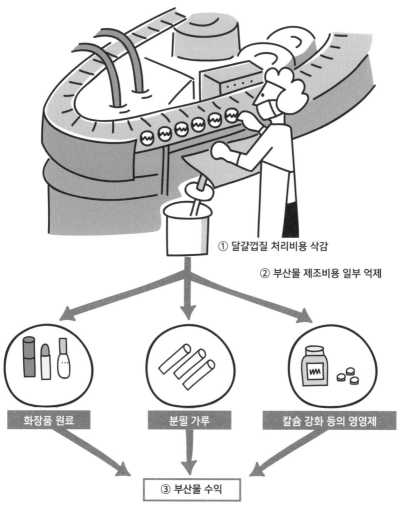

① 달걀껍질 처리비용 삭감

② 부산물 제조비용 일부 억제

화장품 원료

분필 가루

칼슘 강화 등의 영영제

③ 부산물 수익

생산관리

10

개발에서 판매까지의 기간을 단축하는 방법은?

신속한 생산 관리 시스템을 구축한 기업만이 빠르게 변화하는
세상 속에서 건실한 기업으로 성장할 수 있다.

성연 씨는 "마지막으로 퀴즈 하나 낼게. 일본 기업은 제품 개발에서 발매까지의
시간이 해외 다른 기업에 비해 매우 짧은 편이야. 그 비결이 뭘까?"라고 물었다.
경미 씨는 곰곰이 생각했다. 성연 씨는 웃으며 말했다. "서구 기업은 개발에서 발
매까지의 과정을 순서대로 진행(순차 공학)하는 데 반해, 일본은 일부 공정을 동시
에 병렬적으로 진행하기 때문이야."

순차 공학이란?

콘셉트대로 해 주세요.

또 되돌아 왔어?!

다시 수정하려면
시간이 걸리는데……

이런 설계로 어떻게
만들라는 거야?

| 기획 |
| 개발 |
| 설계 |
| 제조 |
| 판매 |

ZZZ

시간

시간은 걸리지만 각 부문은 자신의 작업에만 집중하면 된다.

"이 동시 병렬식 흐름을 **동시 공학**(Concurrent Engineering)이라고 해. 예를 들면 유행하는 신제품을 가능한 빨리 출시해야 할 때가 있잖아. 그러려면 어떻게든 제조 시간을 단축시키는 게 유리하겠지. 또 동시 공학은 설계 후 변경이 필요한 상황에도 대응이 용이해."라고 성연 씨는 말한 뒤 "카페와 상관없는 이런저런 얘기도 많이 했지만, 어쨌든 성공하길 바래."라는 말을 남기고 돌아갔다.

동시 공학이란?

한 부문의 공정이 끝나기 전에 다른 부문 공정이 동시 병렬식으로 시작된다.
그래서 앞 부문은 물론 뒤 부문 의견도 반영하며 진행할 수 있다.

시간이 단축되는 대신 다른 부문과의 의견 조정이 중요하므로
타 부문에 대한 이해와 복잡한 커뮤니케이션 능력이 요구된다.

column

왜 재고가
없어야 좋을까?

'재고를 줄인다'는 이야기를 자주 듣는데 왜 재고는 적을수록 좋을까? 재고가 있어야 불량품이 생겼을 때 바로 교환도 하고 시장의 갑작스런 수요에도 대응할 수 있지 않을까? 그러나 그렇지 않다.

기본적으로 재고는 시간이 지날수록 품질이 떨어지고 진부해져 상품 가치가 하락한다. 그러면 가격을 낮춰 판매해야 하니 손해고 보관비용이나 유지비용, 관리비용도 무시할 수 없다.

그렇다고 도요타의 JIT(49, 154쪽)처럼 '필요할 때 필요한 만큼만' 주문생산으로 발주하는 방식은 대기업이 아닌 이상 좀처럼 실현하기 어렵다. 따라서 일반 기업의 경영자는 항상 균형을 생각하며 재고관리를 해야 한다.

All? Nothing?

chapter 8

조직이란

오늘 강의 주제는 조직이다.
기업에는 다양한 사람이 있다.
이들을 잘 통솔해 기업의 이익을 극대화하기 위한
바람직한 조직의 모습을 살펴본다고 한다.

조직

01

조직을 구성하는 기준은?

사업을 하려면 사람을 고용해야 한다.
조직 구성은 어떻게 하는 것일까?

교수의 강의가 시작됐다. "오늘은 조직 이야기를 하려고 합니다. 기업이나 단체는 물론이고 여러분이 하는 동아리 활동에도 조직이 있습니다. 조직의 형태는 어떻게 결정될까요?" 조직의 형태에는 **직능별 조직**과 **사업부제 조직**이 있다. 직능별 조직은 ○○부처럼 전문 영역으로 구분한 형태고, 사업부제 조직은 사업부가 독립적으로 이익을 계산할 수 있는 형태의 조직이다.

직능별 조직과 사업부제 조직

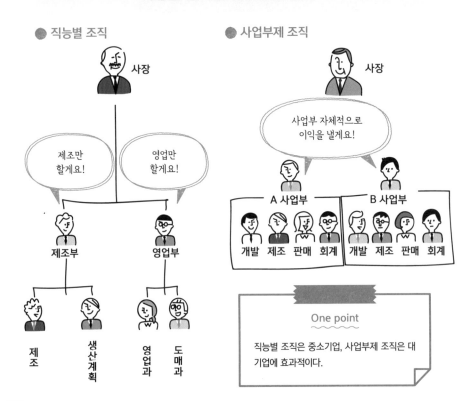

● 직능별 조직

사장

제조만 할게요!

영업만 할게요!

제조부

영업부

제조

생산계획

영업과

도매과

● 사업부제 조직

사장

사업부 자체적으로 이익을 낼게요!

A 사업부

개발 제조 판매 회계

B 사업부

개발 제조 판매 회계

One point

직능별 조직은 중소기업, 사업부제 조직은 대기업에 효과적이다.

경영사학자인 챈들러는 "조직은 전략을 따른다."라는 말을 남겼다. 조직의 형태는 경영전략에 따라 변한다는 뜻이다. 세계 최대 화학기업인 다우듀폰은 화약과 폭약을 생산했지만 전후 폭약 수요 감소를 예측하고 사업 다각화 전략을 폈다. 다우듀폰은 직능별 조직이었지만 여러 신규 사업이 성장하면서 사업부제로 이행했다.

다우듀폰 사례

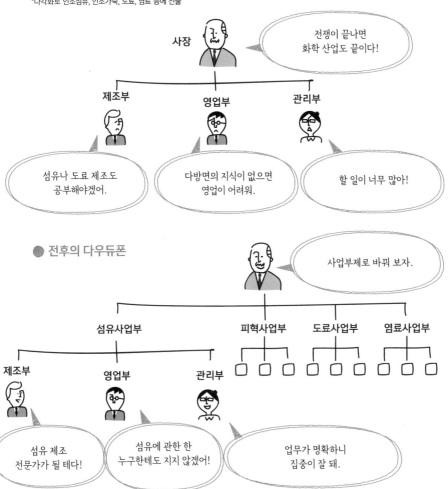

● 다각화 시작 무렵의 다우듀폰

*다각화로 인조섬유, 인조가죽, 도료, 염료 등에 진출

사장
전쟁이 끝나면 화학 산업도 끝이다!

제조부
영업부
관리부

섬유나 도료 제조도 공부해야겠어.

다방면의 지식이 없으면 영업이 어려워.

할 일이 너무 많아!

● 전후의 다우듀폰

사업부제로 바꿔 보자.

섬유사업부
피혁사업부
도료사업부
염료사업부

제조부
영업부
관리부

섬유 제조 전문가가 될 테다!

섬유에 관한 한 누구한테도 지지 않겠어!

업무가 명확하니 집중이 잘 돼.

조직

02

조직 분석법

자사 조직을 분석하려면 어떻게 해야 할까?
일곱 가지 관점에서 조직을 재검토하는 방법이 있다고 한다.

경영 컨설턴트회사 맥킨지는 일곱 가지 관점에서 조직을 분석하는 방법을 고안했다. 일곱 가지 관점이란 전략(Strategy), 조직(Structure), 시스템(System), 인재(Staff), 스타일(Style), 공유가치(Shared Value), 기술(Skill)로 각 항목 앞 글자를 따 7S라고 한다. 앞 세 가지를 하드(hard) S, 나머지 4 가지를 소프트(soft) S라고 부른다.

7S란?

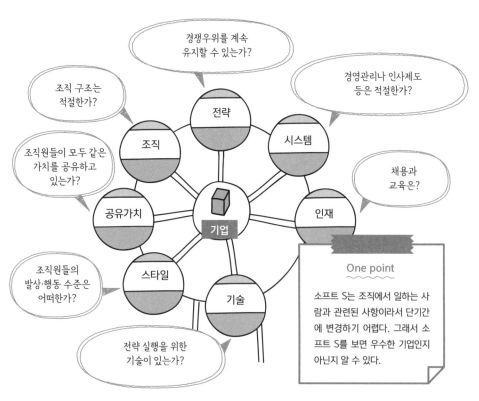

조직 구조는 적절한가?

경쟁우위를 계속 유지할 수 있는가?

경영관리나 인사제도 등은 적절한가?

조직원들이 모두 같은 가치를 공유하고 있는가?

채용과 교육은?

조직원들의 발상·행동 수준은 어떠한가?

전략 실행을 위한 기술이 있는가?

전략

조직

시스템

공유가치

기업

인재

스타일

기술

One point

소프트 S는 조직에서 일하는 사람과 관련된 사항이라서 단기간에 변경하기 어렵다. 그래서 소프트 S를 보면 우수한 기업인지 아닌지 알 수 있다.

"7S의 각 항목은 독립적으로 존재하지 않으며 모두가 유기적으로 연결돼 있습니다. 그래서 하나가 바뀌면 전체가 바뀌기도 합니다."라고 교수가 말했다. 예를 들어 시장 안정 시대에서 포화 시대로 바뀌는 시대 흐름을 타고 변혁을 추진한 조직은 아래 그림처럼 변한다. 하드 3S를 바꾸기란 비교적 쉽지만 소프트 4S를 바꾸는 일은 어렵다는 사실을 짐작할 수 있다.

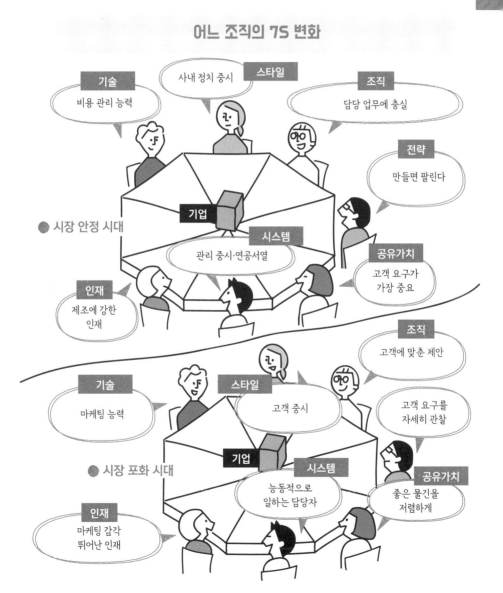

어느 조직의 7S 변화

기술
비용 관리 능력

사내 정치 중시 스타일

조직
담당 업무에 충실

전략
만들면 팔린다

기업

● 시장 안정 시대

시스템
관리 중시·연공서열

공유가치
고객 요구가
가장 중요

인재
제조에 강한
인재

조직
고객에 맞춘 제안

기술
마케팅 능력

스타일
고객 중시

고객 요구를
자세히 관찰

기업

● 시장 포화 시대

시스템
능동적으로
일하는 담당자

공유가치
좋은 물건을
저렴하게

인재
마케팅 감각
뛰어난 인재

조직

03

조직 변혁에 성공하려면?

급변하는 시대에서 살아남으려면 조직도 변해야 한다.
조직을 변화시키려면 어떻게 해야 할까?

교수의 설명은 계속됐다. "코터라는 경영학자가 주장한 **변화혁신 8단계** 이론에 의하면 시대 흐름에 맞춰 기업도 변해야 합니다. 그리고 변화에는 리더십이 필요하지요." 코터는 리더십을 '규칙을 초월해 계발과 동기부여로 사람의 마음을 움직여 조직 집단을 운영하는 방법론'이라고 정의했다.

기업 변혁을 위한 여덟 단계

리더십을 갖춰 조직 변혁에 성공하려면 8가지 단계를 거쳐야 한다. 한 단계라도 건너뛰어서는 안 되며 순서대로 진행하는 것이 중요하다. 변화에는 저항과 반발이 따르기 마련이다. 천천히 침착하게 계획을 세운 뒤 시간과 노력을 들여 원활한 사내 커뮤니케이션에 힘써야 한다.

조직

04

일본인이 고안해 세계로 퍼진 이론은?

조직 내 지식에는 매뉴얼로 전해지는 지식과 개인의 노하우처럼 언어화가 곤란한 지식이 있다.

베테랑 사원의 개인적인 노하우가 젊은 사원에게 전수되지 않는 일이 비일비재하다. 개인의 노하우처럼 언어로 표현되지 않는 지식을 **암묵지**(暗默知), 언어화해 전할 수 있는 지식을 **형식지**(形式知)라고 한다. 일본 기업은 암묵지를 형식지로 바꿔 회사 안에서 공유하고 새로운 지식을 만들어내는 데 뛰어나다. 일본 히토츠바시대학의 노나카 이쿠지로 명예교수는 암묵지와 형식지의 상호작용을 하나의 과정으로 나타낸 **SECI 모델**을 고안했다.

SECI 모델이란?

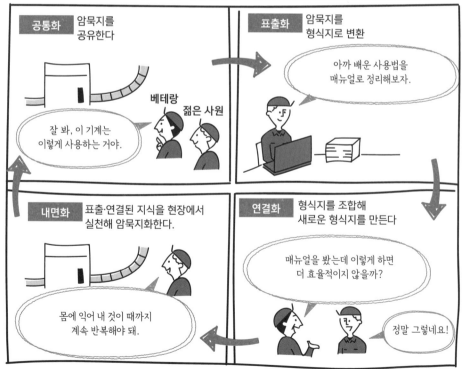

교수는 말한다. "SECI 모델은 공통화(Socialization), 표출화(Externalization), 연결화(Combination), 내면화(Internalization) 네 과정이 순환하면서 새로운 지식을 창조하는 과정입니다." 일본의 제약회사 에자이는 SECI 모델을 도입했다. '업무 시간의 1퍼센트를 환자와 함께'라는 휴먼 헬스케어 활동으로 환자와 접촉하는 시간을 늘려 공통화할 수 있는 과제를 찾으려는 시도다.

에자이의 SECI 모델 사례

직능별 조직이 발전한
매트릭스 조직

　직능별 조직, 사업부제 조직(170쪽)이 발전한 매트릭스 조직이라는 것이 있다.

　매트릭스 조직은 사원 한 명이 여러 상사의 지시를 받는다. 예를 들어 전국적으로 지점을 운영하는 기업의 영업부 영업과 소속 A가 부산 지점에서 일한다고 가정해 보자. A의 상사는 영업과 과장이지만 동시에 부산지점의 지점장도 상사다. 기업의 영업 방침과 별개로 지역별 영업에는 그 지역 요건을 반영한 매니지먼트가 필요하기 때문에 두 가지 모두를 달성하려면 매트릭스 조직이 편리하다.

　그러나 단점도 있다. 상사가 두 명이면 현장에서 일하는 사원이 혼란스러울 때도 있다. 특히 두 상사의 지시가 모순되면 사원은 둘 사이에서 갈팡질팡하며 힘들 수 있다.

상사　　상사

부하직원

chapter 9

금융·파이낸스란

드디어 오늘은 강의 마지막 시간.
마무리 주제는 금융·파이낸스이다.
수학에 약한 경미 씨에게 조금 어려운 분야지만
끝까지 최선을 다할 생각이다.

금융·파이낸스

01

핀테크란?

회사 경영이든 가게 경영이든 돈을 피해갈 수는 없다.
요즘은 현금 외에도 다양한 금융 서비스가 있다.

마지막 강의가 시작됐다. "자, 마지막은 돈 이야기입니다. 돈이라고 하면 현금을 떠올리기 십상인데 사실 돈은 범위가 아주 넓습니다. 특히 요즘은 IT 기술의 발달로 금융 서비스 업계에 혁명이 일어나고 있습니다. 인터넷에서 물건을 사고 스마트폰으로 결제하는 게 이제 일상이 돼버렸어요. 스마트폰 전자결제야말로 새로운 시대의 새로운 서비스라 할 만하지요." 전자결제 등의 서비스를 금융(Finance)과 기술(Technology)을 합쳐 핀테크(Fintech)라고 한다.

핀테크 어디까지 왔을까?

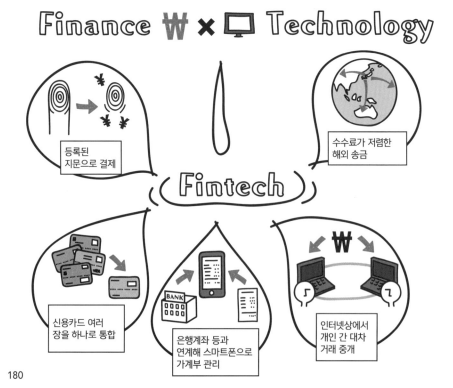

Finance ₩ × 🖥 Technology

등록된 지문으로 결제

수수료가 저렴한 해외 송금

Fintech

신용카드 여러 장을 하나로 통합

은행계좌 등과 연계해 스마트폰으로 가계부 관리

인터넷상에서 개인 간 대차 거래 중개

"특히 장래에 기업가나 가게 운영이 꿈인 사람은 잘 들어 두면 좋습니다. 경영을 하다 보면 돈과 연관된 여러 형태의 업무를 피할 수 없으니까요. 이 때 수고를 줄이고 자금 조달 가능성을 확대하는 방법이 핀테크입니다. 또 앞으로 핀테크 관련 새로운 비즈니스가 계속 등장할 것으로 보입니다."라고 교수는 말했다.

기업 경영에 핀테크 도입 사례

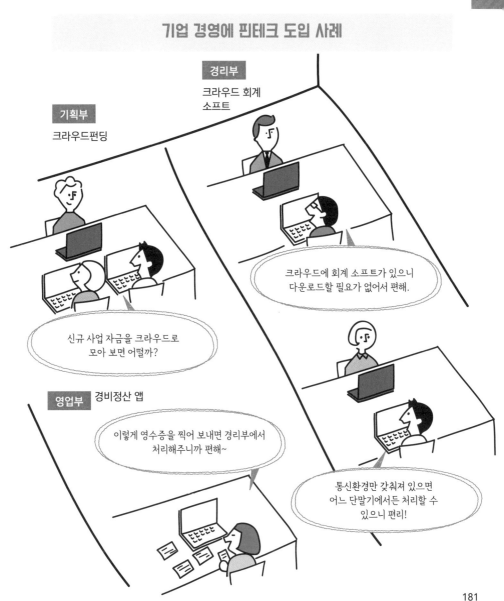

금융·파이낸스
02

캐시플로란?

캐시플로를 직역하면 현금 흐름이라는 뜻이다.
구체적으로 무엇을 가리키는지 살펴보자.

캐시플로(Cash Flow)라는 말을 들어 본 적 있는가? 직역하면 현금 흐름이라는 뜻인데 좀 더 자세히 살펴보자. 기업 간의 상품 및 서비스 거래에서는 일반적으로 매출 발생 시기와 실제 대금 입금 시기가 다르다. 그런데 기업 입장에서는 그때그때 충당해야 하는 은행 대출금이나 상품 매입비용이 필요하기 때문에 대금이 들어올 때까지 돈을 빌려 자금을 유통한다. 이러한 현금 흐름을 캐시플로라고 한다.

캐시플로란?

캐시플로에는 영업, 투자, 재무 세 종류가 있다. 각각 본업에 관련된 지출, 자산에 관련된 지출, 영업·투자로 충당하지 못해 마련한 돈이다. 또 영업과 투자를 합한 캐시플로를 프리캐시플로(Free Cash Flow)라고 하는데 회사가 자유롭게 사용할 수 있는 자금이다. 물론 프리캐시플로가 많을수록 경영이 순조로우며 이런 기업을 경영상태가 양호하다고 한다.

세 가지 캐시플로

금융·파이낸스

03

재무제표란?

기업의 경영상태를 알고 싶다면 경영 성적표격인 재무제표를
조사해 보면 된다.

기업의 경영상태를 알려면 어떻게 해야 할까? 재무제표라는 말을 많이 들어봤을
것이다. 재무제표란 기업 경영상태와 재무 상태를 한 눈에 볼 수 있는 회계 데이
터다. 즉 기업의 성적표라 할 수 있다. 대차대조표, 손익계산서, 캐시플로 계산서
세 가지로 이루어지며 재무3표라 부른다.

재무재표는 기업의 성적표

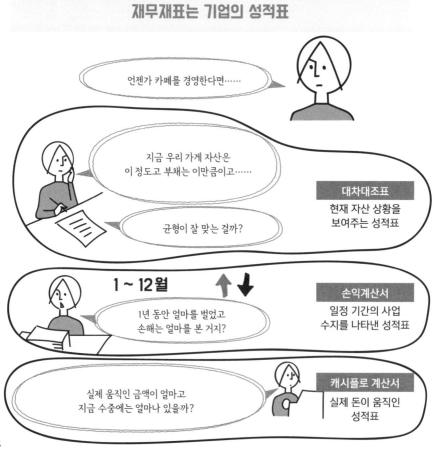

이 세 가지 성적표로 자사의 경영상태와 재무 상황을 확인한다. 도산 위험이 낮은지(안전성), 수익 구조는 효율적인지(수익성), 장기간 매출이 꾸준히 늘고 있는지(성장성) 등의 관점에서 분석한다. 또 자사뿐 아니라 타사 및 돈을 빌려 주는 은행 등도 여러 판단 재료로 재무제표를 활용한다.

재무제표를 이용한 분석

185

금융·파이낸스
04

실적이 좋은지 나쁜지 어디를 보면 알까?

재무제표를 분석하면 경영상태가 보인다고 했는데
구체적으로 어디를 봐야 할까?

앞에서 재무제표로 기업의 안전성, 수익성 등을 분석한다고 간략히 설명했는데 실제로는 더 면밀히 조사한다. 예를 들어, 매출에 비해 원가가 높아 이익이 별로 남지 않는 등의 문제가 있을 때는 이익을 매출로 나누어서 100을 곱한 '매출총이익율'이라는 지표를 확인해 보면 된다. 이처럼 기업의 경영상태를 판단하는 재료가 되는 지표를 경영지표라고 한다.

다양한 경영지표 간판

수익성 영역   회사는 제대로 수익을 내고 있는가?

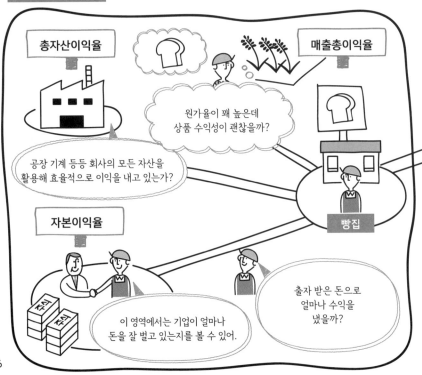

경영지표는 경쟁사 분석이나 거래처 재무 상황 확인, 신규 사업 시작 시 타사 분석, M&A나 업무 제휴를 위한 후보 기업 검토 등 여러 목적으로 이용된다. 퍼센트로 나타내기 때문에 ○○라는 지표가 100퍼센트 이하면 위험 신호라는 식으로 기업 상태가 좋은지 나쁜지 한눈에 파악된다.

안정성 영역 회사가 당장 망하지 않을까?

유동비율

당좌비율

컨설팅 회사

1년 안에 갚아야 하는 부채는 얼마입니까? 갚을 수 있나요?

바로 현금화 가능한 자산 비율은 얼마나 됩니까?

이 영역은 기업의 종합적인 자금 운용 현황을 보여주는 곳이야.

증수율·증익율

배당성향

지난 몇 년 동안 쉬지 않고 성장했을까?

투자 중시? 주주 중시?

이 영역은 기업의 장래성 및 전망을 보여줘.

One point

여기 소개한 경영지표는 대표적인 것이며 이 밖에도 여러 지표가 있다.

성장성 영역 오랫동안 꾸준히 성장하고 있는가?

금융·파이낸스
05

시가총액이란?

기업의 가치는 무엇으로 결정될까?
상장기업은 주가를 보면 알지만 미상장 기업은 어떻게 알 수 있을까?

자, 마지막은 기업 가치에 대해서다. '시가총액'이라는 말을 들은 적이 있을 것이다. 상장기업은 주식이 거래되고 있기 때문에 주가가 있다. 주가에 발행된 주식 수를 곱한 것이 주식 시가총액이다. 이를테면 1주에 10만 원인 주식을 2,000주 발행한 회사의 주식 시가총액은 2억 원이다.

기업 가치, 어떻게 결정될까?

*미상장 기업은 주가라는 확실한 지표가 없기 때문에 매수 금액이 타당한지 알기 어렵다.

"상장기업이라면 이런 식으로 가치를 측정할 수 있지만 미상장 기업은 어떨까요? 미상장 기업의 가치를 측정하는 방법은 크게 나눠 ①결산서를 근거로 산정한다 ②비슷한 상장기업의 주가를 참고한다 ③프리 캐시플로를 근거로 산정한다, 세 가지가 있습니다." 경미 씨는 강의를 들으며 아직 배워야 할 게 많다는 생각이 들었다. 경미 씨의 경영학 공부는 앞으로도 계속될 듯하다.

미상장 기업의 가치 측정 방법

① 결산서를 근거로 산정한다

타사1

어디보자, 자산이……
공장, 제조 설비 일체, 빌딩
3채가 있군.

결산서

은행 차입도 있고.

이쪽 상장기업과
규모·사업 내용이 비슷하군.

② 비슷한 상장기업의
주가를 참고 한다.

타사2

타사3

미상장 기업

③ 프리 캐시플로를 근거로 산정한다

프리 캐시플로가 많을수록
경영상태가 좋은 법이지.

이 상장기업의 주식을 참고 하면……

이 기업의 향후 5년간 프리 캐시플로를
예측해 가치를 측정해보자.

크라우드 펀딩이란?

핀테크(180쪽)에서 나왔던 크라우드 펀딩(crowd funding)이란 무엇일까? 크라우드 펀딩은 프로젝트별로 기업이 개인에게 돈을 모으는 방식이다. 은행 차입 등 기존의 자금 조달 방식은 심사가 까다롭고 시간이 걸린다는 단점이 있었다. 크라우드 펀딩에서는 기본적으로 프로젝트를 지지하는 사람이 돈을 내기 때문에 지지하는 사람이 많을수록 목표액 달성이 빠르다.

크라우드 펀딩은 주식투자형, 구입형, 기부형 등 종류가 다양하다. 단, 규칙과 제약도 있다. 예를 들어 한 회사가 주식투자형 크라우드 펀딩으로 1년 동안 모을 수 있는 금액은 15억 원* 미만이다.

*원문은 '1억 엔(=10억 원)'이나 우리나라는
지난 해 기존 7억 원에서 15억 원으로 확대됐다.
https://www.etnews.com/20190411000136
참고함.

◎ 참고문헌

-《칼 교수의 비즈니스 집중강의 경영전략》, 히라노 아쓰시 칼 저, 아사히신문출판, 2015

-《칼 교수의 비즈니스 집중강의 비즈니스 모델》, 히라노 아쓰시 칼 저, 아사히신문출판, 2015

-《칼 교수의 비즈니스 집중강의 마케팅》, 히라노 아쓰시 칼 저, 아사히신문출판, 2015

-《칼 교수의 비즈니스 집중강의 금융·파이낸스》, 히라노 아쓰시 칼 저, 아사히신문출판, 2016

-《일러스트 진짜 비즈니스 프로 칼 교수와 배우는 31개 성공기업의 비즈니스 모델 입문!》,
  히라노 아쓰시 칼 저, 디스커버 투엔티원, 2012

DAIGAKU 4NENKAN NO
KEIEIGAKU MIRUDAKE NOTE by CARL ATSUSHI HIRANO

일러스트로 바로 이해하는

가장 쉬운 경영학

초판 1쇄 발행 • 2021년 1월 12일
초판 3쇄 발행 • 2024년 7월 23일

감수 • 히라노 아쓰시 칼(平野敦士カール)
옮긴이 • 조사연
펴낸이 • 김순덕
디자인 • 정계수
펴낸곳 • 더퀘스천
출판등록 • 2017년 10월 18일 제2019-000107호
주소 • 경기도 고양시 일산서구 산율길 42번길 13
전화 • 031-721-4248 / 팩스 031-629-6974
메일 • theqbooks@gmail.com

ISBN 979-11-967841-7-1(04320)
ISBN 979-11-967841-2-6(세트)

이 도서의 국립중앙도서관 출판예정도서목록(CIP)은
서지정보유통지원시스템 홈페이지(http://seoji.nl.go.kr)와
국가자료공동목록시스템(http://www.nl.go.kr/kolisnet)에서 이용하실 수 있습니다.
(CIP제어번호: CIP2020051737)